UNIVERSITÉ INC.

ERIC MARTIN ET MAXIME OUELLET

UNIVERSITÉ INC.

Des mythes sur la hausse des frais de scolarité et l'économie du savoir

Suivi de contributions de Guy Rocher, Lise Payette,
Omar Aktouf, Victor-Lévy Beaulieu

© Lux Éditeur, 2011
www.luxediteur.com

Dépôt légal: 4e trimestre 2011
Bibliothèque et Archives Canada
Bibliothèque et Archives nationales du Québec
ISBN: 978-2-89596-126-0

Ouvrage publié avec le concours du Conseil des arts du Canada, du Programme de crédit d'impôt du gouvernement du Québec et de la SODEC. Nous reconnaissons l'aide financière du gouvernement du Canada par l'entremise du Fonds du livre du Canada (FLC) pour nos activités d'édition.

Messieurs, toute question a son idéal. Pour moi,
l'idéal de cette question de l'enseignement, le voici :
l'instruction gratuite et obligatoire. Obligatoire
au premier degré, gratuite à tous les degrés. [...] '
Un immense enseignement public donné et réglé
par l'État, partant de l'école de village et montant
de degré en degré jusqu'au Collège de France,
plus haut encore, jusqu'à l'Institut de France.
Les portes de la science toutes grandes ouvertes à
toutes les intelligences ; partout où il y a un champ,
partout où il y a un esprit, qu'il y ait un livre.
Pas une commune sans une école, pas une ville
sans un collège, pas un chef-lieu sans une faculté.
Un vaste ensemble, ou, pour mieux dire, un vaste
réseau d'ateliers intellectuels, lycées, gymnases, collèges,
chaires, bibliothèques, mêlant leur rayonnement sur la
surface du pays, éveillant partout les aptitudes et
échauffant partout les vocations ; en un mot, l'échelle
de la connaissance humaine dressée fermement par
la main de l'État, posée dans l'ombre des masses
les plus profondes et les plus obscures, et aboutissant
à la lumière. Aucune solution de continuité :
le cœur du peuple mis en communication avec
le cerveau de la France.

VICTOR HUGO, *Discours contre la loi Falloux* (15 janvier 1850)

Introduction

La mise au pas de l'université

Au moment d'écrire ces lignes, les étudiants du Québec font face à une énième hausse des frais de scolarité : il en coûtera bientôt 3 793 $ par année pour étudier. Une augmentation de près de 75 % (soit 1 625 $) sur cinq ans, qui aura bien évidemment plusieurs conséquences socioéconomiques néfastes : hausse de l'endettement et du nombre d'heures travaillées, baisse de la fréquentation scolaire, etc. C'est ce qui s'est produit au Canada anglais comme en Grande-Bretagne et il serait très surprenant que, tout en important le modèle de financement de ces pays, le Québec évite d'importer aussi les problèmes qu'il entraîne invariablement.

Sachant ce qu'elles ont comme effets secondaires, *pourquoi* les gouvernements procèdent-ils malgré tout à ces hausses de frais ? Pourquoi aller de l'avant avec des mesures aussi antisociales ? Quand on s'y attarde, le discours de l'élite révèle les véritables intentions qui motivent ces décisions.

Considérons d'abord ce qu'en dit François Legault, dont le discours s'articule autour des notions managériales de performance et d'efficience. Selon lui, les universités seraient « sous-financées » et manqueraient de ressources pour collaborer au

développement économique : « Cette situation est particulièrement critique dans un contexte où *l'économie repose de plus en
plus sur le savoir* – et souvent le savoir de pointe. Plus que
jamais, le Québec doit pouvoir compter sur une main-d'œuvre
hautement qualifiée et des chercheurs de calibre mondial
pour attirer les nouvelles entreprises et les nouveaux centres de
recherche nécessaires à son développement socioéconomique[1]. »

Selon François Legault, il faut opérer un changement de
culture chez les jeunes et leur inculquer des valeurs entrepreneuriales : « Il est temps de mettre tout en œuvre pour
accompagner et assister les jeunes qui démontrent des qualités
d'entrepreneurs. Ceux-ci doivent faire l'objet d'une attention
particulière et doivent trouver l'appui et les outils pour se développer et faire aboutir leurs projets[2] », peste-t-il.

Le discours de cet ancien ministre de l'Éducation ressemble
en tout point à celui que l'on retrouvait dans le manifeste « Pour
un Québec lucide », publié en 2005 et signé, entre autres, par
Lucien Bouchard, ex-premier ministre du Québec, Joseph Facal,
ex-président du Conseil du Trésor et Robert Lacroix, ex-recteur
de l'Université de Montréal. Les « lucides » sont catégoriques :

> Une petite nation pourra seulement faire sa marque par la qua-
> lité de sa main-d'œuvre, par le haut niveau de son développement
> culturel et scientifique, par sa créativité. Il est donc fondamental de
> valoriser ces domaines et d'y investir la part la plus importante de
> nos ressources. [...] Le niveau d'investissement requis pour atteindre

---

1. Coalition pour l'avenir du Québec, « Se doter d'un des meilleurs systèmes d'éducation au monde », texte de consultation de la Coalition pour
l'avenir du Québec en matière d'éducation, p. 3.

2. Coalition pour l'avenir du Québec, « Une économie de propriétaires et
non de succursales », texte de consultation en matière d'économie, p. 6.

ces objectifs dépasse les capacités financières de l'État québécois. C'est pourquoi un esprit de lucidité et de responsabilité mènera à l'abandon du gel des droits de scolarité, une politique qui va à l'encontre du bon sens et de toutes les études menées sur la question[3].

Le 23 février 2010, un autre groupe de personnes, dont les «lucides» Robert Lacroix et l'éternel Lucien Bouchard, publient le «Pacte pour le financement concurrentiel de nos universités», qui reprend sensiblement les mêmes arguments :

> Cette initiative résulte d'un constat particulièrement préoccupant : à une époque de concurrence internationale, où la prospérité repose de plus en plus sur la capacité à utiliser le savoir, le sous-financement de nos universités constitue une menace réelle à la prospérité du Québec. «Le Québec a mal à ses universités. Le mal n'est pas incurable, mais il est chronique. C'est pourquoi nous incitons fortement tous les Québécois à s'engager en faveur de nos universités. Il faut rapidement leur assurer la santé financière nécessaire à la réalisation de leur mission fondamentale pour l'avenir de notre société», a déclaré Me Lucien Bouchard[4].

Cet intense lobbying n'est pas passé inaperçu. En effet, dans son *Discours sur le budget 2010-2011*, le ministre des Finances Raymond Bachand explique que le dégel des frais de scolarité est nécessaire pour le développement de l'économie du Québec : «Pour établir les conditions d'une prospérité durable, il faut dès aujourd'hui actionner les leviers qui accroîtront notre

---

3. Collectif, «Pour un Québec lucide» (19 octobre 2005), *biblio.republiquelibre.org*, 24 janvier 2011, http://biblio.republiquelibre.org/Pour_un_Qu% C3 % A9bec_lucide

4. «Un pacte pour le financement concurrentiel de nos universités», communiqué de presse relayé par la Chambre de commerce du Montréal métropolitain, 23 février 2010, www.ccmm.qc.ca/fr/index.aspx? p=3182&prt=1

productivité et notre performance. Nous allons agir sur trois axes : l'éducation, l'innovation et l'environnement d'affaires. [...]. Aujourd'hui, toute économie développée est une économie du savoir. C'est pourquoi le gouvernement fait de l'éducation une priorité[5]. »

En février 2011, c'est au tour de la ministre Beauchamp de vouloir « un milieu scolaire mieux arrimé aux entreprises[6] ». Selon elle, 700 000 postes devront être comblés au Québec d'ici 2014. C'est pourquoi il faut faire pression sur les écoles pour qu'elles forment le plus rapidement possibles des travailleurs : « Les chiffres donnent le vertige. Voilà un vrai enjeu de société [...]. Il faut aller plus loin. Il faut parler de formation continue. Il faut aussi que les programmes répondent aux besoins des entreprises. Je sais que le ministère de l'Éducation a un rôle à jouer pour cela. Mais j'ajouterai aussi un mot-clé : la vitesse. Il faut définitivement *accélérer la vitesse* de réponse des réseaux scolaires, secondaire et collégial, aux *besoins exprimés par les entrepreneurs[7]*. »

On pourrait penser que les recteurs tiennent un autre discours, mais les documents de la conférence des recteurs (CREPUQ)[8] vont dans le même sens, expliquant que le maintien de notre niveau de vie suppose des gains de productivité qui ne

---

5. Gouvernement du Québec, *Discours sur le budget 2010-11, prononcé à l'Assemblée nationale du Québec par M. Raymond Bachand, ministre des Finances*, 30 mars 2010, p. 27.

6. « La ministre Beauchamp veut un milieu scolaire mieux arrimé aux entreprises », *Radio-Canada.ca*, 18 février 2011, www.radio-canada.ca/nouvelles/societe/2011/02/18/004-beauchamp-emplois-besoins.shtml

7. *Ibid.*

8. CREPUQ, *Urgence d'agir pour les universités. Le Québec à la croisée des chemins*, document d'analyse et de réflexion présenté par la Conférence des

seront possibles que par la hausse du taux de scolarisation universitaire, ce qui nécessite plus de ressources pour régler le « sous-financement » des universités. Selon la CREPUQ, cette mesure permettrait de produire 66 000 diplômés de plus, qui généreraient des retombées économiques de plus d'un milliard de dollars par année.

La palme revient sans doute à l'ancienne rectrice de Concordia, Judith Woodsworth, qui, en s'adressant à un parterre de gens d'affaires membres du Cercle canadien de Montréal, tente de démontrer que les entreprises peuvent compter sur les universités pour maximiser la production économique :

> En tant que chef d'établissement universitaire, je souhaite attirer votre attention sur l'énorme potentiel de nos universités. Je veux que vous nous considériez comme moteurs du développement économique et comme centres d'entrepreneuriat intellectuel, dotés des compétences et du savoir-faire nécessaires pour relever les défis de la société tout comme ceux de l'économie. Je vous demande donc d'agir et de nous aider à vous aider. Portez-vous à notre défense, participez à nos recherches, embauchez nos diplômés et appuyez nos efforts pour obtenir un meilleur financement. Toute la société en bénéficiera. Nous devons cependant en faire plus. Nous avons négligé de maintenir et d'exploiter le capital humain et intellectuel de nos établissements postsecondaires. Je représente l'Université Concordia, mais je parle également au nom de l'Université de Montréal, de l'Université McGill et de l'UQAM, ainsi que des écoles affiliées telles que les HEC, l'École Polytechnique, l'ETS et le réseau de cégeps, lorsque j'affirme ceci : nous n'avons pas réussi, en tant que société, à reconnaître et à mobiliser

---

recteurs et des principaux des universités du Québec (CREPUQ) dans le cadre de la Rencontre des partenaires en éducation, novembre 2010.

certaines des ressources les plus puissantes que nous possédons pour relever les défis économiques et sociaux de notre ville[9].

Les acteurs du milieu financier, ce n'est guère surprenant, entonnent eux aussi la même rengaine. Mme Woodsworth cite entre autres M. Jacques Ménard, président de BMO Nesbitt Burns : « En laissant aller nos universités, c'est une grande partie de notre capacité d'innover que nous mettons en péril. Je dirais même que c'est suicidaire dans une ville qui a bâti une partie de sa réputation sur la présence de quatre grandes universités[10]. » Même écho chez Angel Gurría, Secrétaire général de l'OCDE, dans le rapport *Regards sur l'éducation* : « La période qui suivra la crise économique mondiale sera caractérisée par une demande sans précédent en enseignement universitaire. [...] Les investissements dans le capital humain contribueront à la reprise, à condition que les établissements soient en mesure de répondre à cette demande[11]. »

Nous pourrions égrener encore longtemps ce chapelet de citations et de discours de nos « décideurs », mais nous ne ferions qu'insister sur ce qui est déjà de l'ordre de l'évidence : lorsque l'élite parle d'éducation, elle parle en fait *d'économie*. Elle ne parle jamais de culture, encore moins d'enseignement. Son discours ne fait que ressasser une idée fixe : l'université doit marcher au pas de l'entreprise privée. Aussi, à ses yeux, les étudiants sont-ils du *capital humain*, des

---

9. Judith Woodsworth, « Les universités, les entreprises et la ville : vers de nouveaux partenariats », allocution au Cercle canadien de Montréal prononcée le 19 octobre 2009, www.cerclecanadien-montreal.ca/fr/evenements/les-universites-les-entreprises-et-la-ville-vers-de-nouveaux-partenariats

10. *Ibid.*

11. *Ibid.*

entrepreneurs d'eux-mêmes qui produisent de la connaissance valorisable dans une université-entreprise au sein d'une société-entreprise.

Voilà pourquoi on estime juste et bon que les étudiants s'endettent jusqu'au cou en payant 75 % plus cher pour leurs études.

Notons qu'au Canada, entre 1989 et 2009, la moyenne des frais de scolarité exprimée en pourcentage des recettes totales des universités et des collèges a plus que doublé, passant de 10 % à 21 %, tandis que le financement gouvernemental a diminué, passant de 72 % à 55 %. Ainsi, comme le démontre Statistique Canada :

> La proportion de diplômés qui ont emprunté de l'argent d'une source ou d'une autre (par exemple les programmes parrainés par le gouvernement, les banques, les membres de la famille) pour financer leurs études postsecondaires a augmenté, passant de 49 % à 57 % entre 1995 et 2005. [...] En 1995, la proportion d'étudiants emprunteurs qui devaient 25 000 $ ou plus au moment de l'obtention de leur diplôme était de 17 %, et elle est passée à 27 % en 2005. [...] Les frais de scolarité totaux moyens d'un diplômé en 1995 pour un programme de 4 ans étaient de 10 300 $. L'étudiant moyen obtenant son diplôme après un programme de 4 ans en 2005 avait déboursé 16 900 $. Par conséquent, en 2005, le Canada comptait non seulement plus de titulaires de diplôme qui avaient une dette d'études, mais aussi une proportion accrue de diplômés ayant un niveau d'endettement plus important que par le passé[12].

Cette évaluation ne tient pas compte du coût de la vie. Aussi, pour avoir un portrait plus complet, essayons d'estimer ce que

---

12. May Luong, *Les répercussions financières des prêts étudiants*, Statistique Canada, 29 mars 2010, www.statcan.gc.ca/pub/75-001-x/2010101/article/11073-fra.htm

coûtera de hausser ainsi les frais au Québec, et ce que cela coûtera en termes globaux pour un ménage type. Si l'on en croit le simulateur de Desjardins, en 2007-2008, le coût annuel total d'une année d'études pour un jeune qui habite chez ses parents est évalué à 6 711 $, et à 11 923 $ pour un étudiant qui réside à l'extérieur[13], lorsque l'on inclut les frais de subsistance. Après deux hausses successives des frais de scolarité, lorsque les frais annuels seront passés de 2 025 $ à 3 793 $, ces coûts se hisseront respectivement à 8 479 $ et à 13 691 $.

Prenons l'exemple d'un enfant qui entame des études postsecondaires à 18 ans, en 2012, pour une durée de 4 ans. Cela représente un montant total de 30 625,95 $, pour des études allant jusqu'au baccalauréat. La famille type qui paierait pour l'enfant devrait débourser 10 % de son revenu annuel moyen, et 18 % du revenu dans le cas d'une mère monoparentale. Les familles dont aucun des membres ne détient de diplôme d'études sont les familles les moins nanties. Pour l'une d'entre elles, ce serait plus de 22 % du revenu annuel de 34 000 $ qui irait à financer les études de l'enfant.

Une famille qui choisirait de contracter un emprunt à rembourser après les études devrait, avec les intérêts, débourser 46 550 $, c'est-à-dire 387 $ par mois pendant 10 ans. Si elle choisit de payer les frais immédiatement, elle devra débourser 638 $ par mois pour payer les frais annuels. Si l'on projette en 2024, la situation est encore pire : 48 639 $ pour un bac. Bien sûr, les institutions financières ont une solution toute prête, du

---

13. Fonds Desjardins, « Régime enregistré d'épargne-étude. Coût des études post-secondaires », *fondsdesjardins.com*, www.fondsdesjardins.com/fr/produits/reee-cout.jsp

moins pour les familles capables d'épargner une centaine de dollars par mois: des régimes enregistrés d'épargne-études (REÉÉ). Et bien sûr, il y a toujours les prêts étudiants et les emplois au salaire quasi infimum pour que les étudiants contribuent à financer l'opération. N'empêche que ce genre de fardeau implique une pression immense sur les familles.

On se demande alors inévitablement: pourquoi les gouvernements procèdent-ils à des hausses qui ne peuvent qu'étrangler les familles, spécialement celles de la classe moyenne et les moins nanties? La raison principale tient à l'adhésion de l'élite économique à un nouveau mythe, celui de l'économie du savoir. Ce mythe veut que la nouvelle façon de faire des profits implique de consacrer le plus de fonds publics possible au financement de la recherche et développement, entre autres pour créer des innovations techniques brevetables que l'on pourra par la suite faire fructifier en bourse. Curieusement, dans l'économie du savoir, l'enseignement devient beaucoup moins important que la recherche. Puisque celui-ci est de moins en moins financé par l'État, on a recours à des hausses de frais de scolarité pour faire payer les étudiants. En clair, les étudiants payeront davantage pour leur éducation, et cela pour ne pas nuire au financement public de la recherche universitaire, cette nouvelle auxiliaire de l'économie (du savoir!).

C'est le premier des mythes auxquels s'attaque cet ouvrage: le prétendu sous-financement des universités, ou la crise du financement de l'enseignement. Ce mythe sert de prétexte à l'appauvrissement des étudiants pendant que, de l'autre main, les universités empochent de juteux contrats de recherche. Mais, nous dit-on, il n'y a pas lieu de s'inquiéter: le mythe 2 nous assure que l'accès à l'université ne sera pas menacé par les hausses, et qu'au besoin l'écran de fumée du mythe 3 fera le travail : la bonification du régime de prêts et bourses règlera tous les problèmes. Ainsi, quatrième leurre, tout le monde paiera équitablement, en fonction du coût réel des études (mais sans égard à sa capacité de payer, oublie-t-on de mentionner...). Le mythe 5 promet, quant à lui, de hauts salaires et de bons emplois pour ceux qui voudront bien investir un peu plus dans leur « capital humain », histoire d'avoir des diplômes de « plus grande valeur » (mythe 6). Mais, contrairement à ce que prétend le mythe 7, plus l'argent et la logique de la valeur colonisent l'université, plus l'indépendance de celle-ci se voit menacée. C'est le mythe 8 qui se trouve retourné : la commercialisation de la recherche ne sert pas à financer l'université ; c'est bien plutôt la commercialisation de l'université qui sert à financer la recherche !

On découvre, au final, que les hausses des frais de scolarité font payer les étudiants pour qu'ils aient le « privilège » de financer la reconversion commerciale de l'université vers des activités qui bénéficient d'abord à l'entreprise, bien plus qu'à *l'économie* ou au bien-être général. Les étudiants vont payer beaucoup plus cher, mais ils n'auront pas *plus de services* ni une éducation de *meilleure qualité*. Au contraire, plus l'éducation entre dans le manège de l'argent, et plus on estime sa *valeur* à l'aune de sa capacité à générer des *retombées* vues comme positives pour l'entreprise plutôt que jugées du point de vue de leur pertinence intellectuelle, scientifique ou civilisationnelle. Quand il n'y a plus de différence entre un cours universitaire et un « *job training* », l'élite se réjouit d'une amélioration de la *qualité* de l'éducation, laquelle se manifeste par son adéquation avec les tâches à accomplir au travail. Or, n'est-ce pas là plutôt le signe que le critère de l'économisme s'est imposé comme norme jusque dans l'université, et ce, au détriment du patrimoine intellectuel et scientifique? Il existe bel et bien une *Hamburger University* McDonald's en Illinois, mais qui pourrait sérieusement prétendre que cet établissement destiné à la formation des gérants de la chaîne a quelque chose à voir avec la Sorbonne? On demande pourtant à l'université de s'en inspirer pour répondre immédiatement aux impératifs terre-à-terre de telle ou telle compagnie et de cesser d'être une *tour d'ivoire*. On peut bien proposer une telle descente au ras des pâquerettes – pour ne pas dire aux enfers – de l'université, mais on ne peut pas faire croire qu'on améliore ainsi sa qualité. On nivelle bien par le bas, vers les mœurs opportunistes, les combines et les bricoles de ceux qui ne connaissent que la quantité et exposent partout un appât du gain qui aurait fait rougir de honte la plupart des sociétés humaines de l'Histoire.

Bien sûr, tout cela est d'une bêtise criante et moralement condamnable. Mais la situation empeste encore plus le cynisme lorsque l'on se rend compte que ce sont les jeunes et les familles que l'on appauvrit pour financer une mutation commerciale de l'université qui ne rapporte presque rien aux institutions, qui bénéficie certes à une poignée d'administrateurs et d'entrepreneurs, mais qui n'entraîne pas les retombées économiques positives promises. En effet, toute cette opération repose sur la croyance que le développement d'innovations dans les universités permettra de démarrer des petites entreprises et d'attirer du capital de risque et des investisseurs au Québec. Or, depuis la dernière crise et la récession, les investisseurs s'en vont et les entreprises ferment leurs portes, comme le prouve l'exemple de l'industrie des biotechnologies:

Une donnée illustre bien l'ampleur de la crise qui afflige l'industrie des biotechs. En 2003, le Québec comptait 158 entreprises dans ce secteur. Or, en 2009, il n'en restait que 92, soit un recul de 42 %, selon Ernst & Young. La crise dans l'industrie québécoise tient avant tout à une pénurie de capital de risque, affirment les spécialistes. « En 2008-2009, il n'y avait plus de capitaux », dit Yves Rosconi, président du conseil de BIOQuébec, l'organisme qui représente l'industrie, et patron de Theratechnologies, une biotech de Montréal. La récession a refroidi les capital-risqueurs, qui ne se concentrent que sur les valeurs sûres, les grandes sociétés bien établies[14].

Tel Elvis Gratton, cet archétype du colonisé rendu célèbre par le regretté Pierre Falardeau, nos élites politico-économiques québécoises ont le regard tourné vers le sud : « Think big, s'tie. » Elles veulent calquer notre mode de vie sur celui qui a cours aux États-Unis. Cela implique, bien sûr, de mettre en place des établissements d'enseignement supérieur en mesure d'entrer en compétition dans la nouvelle guerre économique mondiale qui, au xxie siècle, se jouera sur le terrain de l'information et du savoir. Le politologue américain Joseph Nye soutenait d'ailleurs, à la fin des années 1990, que « le pays qui sera en mesure de mener la révolution de l'information sera celui qui sera le plus puissant. Dans un avenir prévisible, ce pays sera les États-Unis[15] ».

La récente crise économique nous a démontré que cette prévision était une pure chimère. L'utopie du capital de risque et

---

14. François Normand, « Les biotechs québécoises en crise », *lesaffaires.com*, 17 juin 2010, www.lesaffaires.com/archives/generale/les-biotechs-quebecoises-en-crise/514820

15. Joseph S. et William A. Owen, « America's Information Edge », *Foreign Affairs*, vol. 75, n° 2, mars-avril 1996, p. 20.

de l'économie du savoir ne donne pas les résultats escomptés et le capitalisme démontre encore une fois qu'il est surtout bon à provoquer des catastrophes. Certains observateurs du monde universitaire aux États-Unis parlent même d'une nouvelle bulle spéculative. Après le krach des technologies et celui de l'immobilier, l'augmentation radicale de l'endettement étudiant, couplé à la diminution de la qualité de l'enseignement qui l'accompagne, laisse poindre à l'horizon l'éclatement d'une nouvelle bulle : celle de l'éducation[16]. Aux États-Unis, les frais de scolarité ont augmenté de plus 400 %, tout comme l'endettement étudiant ; de plus, on attend encore les emplois payants. Les professeurs se désintéressent de l'enseignement pour se consacrer à la recherche – qui bien souvent est inutile et génère une inflation de la bureaucratie universitaire –, au point où les étudiants n'en ont tout simplement pas pour leur argent. Et c'est ce modèle manifestement voué à l'échec que nos élites veulent adopter…

Malheureusement, au passage, cette bulle détruira nos universités et brisera des vies. Ceux qui demandent aux jeunes, aux familles, aux Québécois, de mettre leurs écoles au service de la « croissance de la richesse », entendent vraiment par « richesse » celle de quelques-uns, et omettent de mentionner l'appauvrissement de taille que celle-ci entraîne pour les autres, non seulement au plan financier, mais aussi sur les plans culturel et intellectuel. La richesse promise file entre les doigts et le prix à payer reste celui de l'ignorance.

*

* *

---

16. Adrian Wooldridge, « Higher Education : The Lattest Bubble ? », *economist.com*, 13 avril 2011, www.economist.com/blogs/schumpeter/2011/04/higher_education

Le petit livre que vous avez entre les mains décortique et remet en question les principaux arguments avancés en faveur de la hausse des frais de scolarité. Mais il dénonce aussi la « logique socioéconomique » qui transforme les universités en usines-à-pensée de « l'économie du savoir ». La hausse des frais et la transformation du rôle institutionnel de l'école, des rapports qu'entretiennent entre eux les membres de la communauté universitaire et de ceux que les établissements d'enseignement entretiennent avec la société, loin d'être une adaptation nécessaire ou un simple ajustement des budgets, sont les fruits d'un projet politique concerté destiné à concrétiser une certaine vision du développement économique.

Le phénomène de la hausse des frais de scolarité est le symptôme d'une logique de privatisation et de marchandisation des universités, non seulement de leur financement, mais aussi et surtout de leur finalité. On demande à des institutions, jadis dédiées à la formation intellectuelle et professionnelle, de se transformer en catalyseurs de la croissance du capital. Il s'agit d'un détournement de la mission fondamentale des universités, dont le rôle historique était de *transmettre* la connaissance et le savoir-faire qui forment le patrimoine intellectuel, culturel et scientifique des sociétés.

On pourrait qualifier cette vision d'*entrepreneurialisme*, pour reprendre le mot de David Harvey[17]. Comme nous l'avons dit,

---

17. David Harvey, « From Managerialism to Entrepreneurialism : The Transformation in Urban Governance in Late Capitalism », *Geografiska Annaler*, B. 71, 1989, p. 3-17. Dans cet article, Harvey étudie les stratégies d'attraction et de séduction qu'adoptent les mégalopoles urbaines pour capter les flux d'investissements étrangers. Selon cette logique, le nombre d'universités

cette idéologie circule de manière quasi unanime parmi les ministres, les banquiers, les recteurs, les hommes d'affaires, bref, partout au sein de l'élite de managers et technocrates du Québec. Selon cette idéologie, la nouvelle source de production de richesse est le *savoir*, et le *savoir*, c'est ce qui produit de la richesse. Quand on veut changer une société, il faut prendre les nouvelles générations au berceau et leur inculquer le rapport au monde que l'on souhaite reproduire. La première étape est alors de changer l'orientation de l'éducation. Dans ce cas-ci, il ne s'agit plus d'éduquer à la citoyenneté, mais bien à la performance, même s'il faut pour cela déconstruire 800 ans de tradition universitaire. Quand il s'agit d'amasser rapidement de l'argent, tous les moyens sont bons. N'est-il pas inquiétant de penser que ceux qui sont aujourd'hui aux commandes du système scolaire sont mus par une idéologie qui n'attribue à l'éducation aucune pertinence propre et qui n'en mesure l'utilité qu'en termes quantitatifs et économiques? Ces gens-là n'aiment pas la connaissance, ni l'université. Ils aiment d'abord l'argent et ne voient dans l'école qu'un outil de plus pour accélérer la dynamique d'accumulation capitaliste.

Nous admettons d'emblée ne pas partager cette vision qui instrumentalise les étudiants, les professeurs et les institutions, et qui mine le rôle fondamental de l'école: former des individus autonomes, libres, cultivés et capables d'être respectueux et qui agissent de manière responsable dans le monde qui les entoure. Nous adressons d'abord ce livre aux étudiants du Québec, qui sont les premières victimes de cette mutation et qui sont les mieux placés

d'une métropole figure évidemment parmi les « attraits touristiques » pour le capital.

pour y résister et pour faire valoir à nouveau les principes huma-
nistes qui sont la chair de l'université. Cependant, le combat à
venir interpelle tout autant les étudiants du collégial et les professeurs que les parents et citoyens du Québec. Nos universités
seront-elles des centres «d'entreprenariat intellectuel» au service
de corporations et d'intérêts financiers à court terme, ou seront-
elles consacrées au travail patient de la pensée?

Ce livre est un outil de compréhension, un manuel d'auto-
défense, mais aussi un appui au mouvement étudiant québécois et international, qui a raison de se révolter contre le mépris
porté aux jeunes générations et à l'école dans une société capitaliste avancée qui ne voit plus que des profits là où il y avait
jadis des personnes. Ce livre est dédié aux jeunes qui aspirent
encore à être autre chose que des clones obéissants et confor-
mistes, aux professeurs qui veulent encore enseigner et non
performer, et aux peuples qui veulent continuer de transmettre
généreusement leur culture plutôt que de participer à la guerre
économique concurrentielle.

Dans les pages qui suivent, nous déconstruirons les arguments en faveur de la hausse des frais et nous prendrons la
mesure de la catastrophe intellectuelle, culturelle et civilisationnelle dans laquelle nous entraîne l'idéologie de l'entrepreneurialisme éducatif, dans l'espoir, bien sûr, de renverser la
vapeur. À l'heure où l'OCDE se demande comment concilier la
croissance économique *vigoureuse*, l'innovation et le *maintien
des actifs essentiels à la survie des humains (!)*, nous avons le
choix de laisser une certaine élite concevoir une université au
service de l'économie ou bien de lutter collectivement pour
une université et un système d'éducation d'abord destinés à
former des êtres humains capables de vivre ensemble.

Mythe 1

Il faut augmenter les frais de scolarité parce que les universités sont sous-financées.

C E PREMIER ARGUMENT avancé par l'élite et souvent répété par les journalistes, qui n'y voient que du feu, est sans doute le plus important et le plus malhonnête : nos universités seraient « sous-financées » et manqueraient cruellement d'argent, une situation de crise intolérable qui exigerait d'agir rapidement et d'augmenter les frais de scolarité. Cet argument fait office de prétexte justificatif : c'est parce qu'il y aurait *crise* qu'il faudrait augmenter d'urgence les frais. On peut évidemment choisir de faire confiance à Lucien Bouchard, à Raymond Bachand, à l'économiste Claude Montmarquette ou encore à l'ex-recteur de l'Université de Montréal, Robert Lacroix, qui répètent cet argument *ad nauseam*, et se résigner à payer davantage pour étudier. Mais ne serait-il pas plus prudent de se demander d'abord si la prétendue crise de sous-financement, toujours présentée comme une question de vie ou de mort, justifie vraiment que l'on appauvrisse les étudiants pour sauver la nation ?

Voyons d'abord comment s'articule cet argument. À cet égard, les publications de la conférence des recteurs (CREPUQ)[1] sont une référence fiable. Si cet argument est répété par l'ensemble de l'élite politico-économique, les chiffres utilisés, eux, ont été calculés par la CREPUQ et validés par le *think-tank* économique CIRANO[2]. Selon les recteurs, les universités du Québec seraient sous-financées par rapport à leurs vis-à-vis canadiennes.

> Depuis de très nombreuses années, le réseau universitaire québécois souffre d'un manque à gagner de plusieurs centaines de millions de dollars par rapport aux établissements du reste du Canada. Une étude réalisée à partir de travaux effectués conjointement par la CREPUQ et le ministère de l'Éducation évaluait l'ampleur du manque à gagner à 375 M$ pour l'année 2002-2003. Une mise à jour récente de cette étude montre que l'écart se situait à 620 M$, net des montants destinés à l'aide financière, pour l'année 2007-2008[3].

---

1. CREPUQ, *Urgence d'agir pour les universités. Le Québec à la croisée des chemins, op. cit.*

2. Le CIRANO, basé à l'Université de Montréal, est un *think-tank* économique qui affiche des prétentions scientifiques mais qui défend systématiquement les politiques néolibérales : hausse des frais de scolarité, privatisation de la santé, PPP. On y retrouve Claude Montmarquette et Robert Lacroix, deux ardents défenseurs de la hausse des frais de scolarité. Claude Montmarquette a également présidé le Groupe de travail sur la tarification des services publics, qui recommandait la hausse des frais de scolarité, des tarifs d'hydroélectricité, des frais de garderie, ainsi que l'installation de compteurs d'eau et de péages routiers. On sait que cette politique de tarification régressive, qui ne tient pas compte de la capacité de payer des utilisateurs, a été reprise dans les récents budgets du ministre Raymond Bachand.

3. Daniel Zizian, « Urgence d'agir pour les universités : le Québec à la croisée des chemins », *cyberpresse.ca*, 2 décembre 2010, www.cyberpresse.ca/le-soleil/opinions/points-de-vue/201012/02/01-4348592-urgence-dagir-pour-les-universites-le-quebec-a-la-croisee-des-chemins.php

LE SOUS-FINANCEMENT DE L'ENSEIGNEMENT

En regardant de plus près, on constate que le *sous-financement* est, en fait, un *malfinancement* dû au fait que l'on assigne désormais à l'université des fonctions de développement économique qui sont étrangères à sa mission fondamentale. Ce que l'on remarque, ces dernières années, c'est que l'enseignement manque de plus en plus ressources et que la recherche accapare une portion de plus en plus grande des fonds. Cette priorité accordée à la recherche au détriment de l'enseignement se traduit par un problème de *sous-financement de l'enseignement,* doublé d'un accroissement du financement de la recherche.

L'argent des universités est divisé en plusieurs fonds distincts[4]. Le fonds de fonctionnement sert à couvrir les coûts des opérations courantes de l'université, ce qui comprend aussi bien le salaire des professeurs que l'entretien de la cafétéria, par exemple. Le fonds d'immobilisation sert à payer les bâtiments et le matériel[5]. Dans le fonds de souscription, on amasse les dons versés à l'université et dans le fonds de dotation, les dons privés qui sont par la suite capitalisés sur les

---

4. Université de Montréal, « Direction des finances : description des fonds », *umontreal.ca*, www.fin.umontreal.ca/direction-finances/description-fonds/index.html

5. Soulignons par ailleurs qu'une étude de la Fédération québécoise des professeurs et professeures d'université (FQPPU) a démontré que les projets d'agrandissement immobilier des universités viennent grever les fonds d'immobilisation ; voir Élaine Hémond, Martin Maltais et Michel Umbriaco, *Le fonds des immobilisations des universités*, FQPPU, octobre 2010, www.fqppu. org/assets/files/fqppu_Immobilisations.pdf

marchés boursiers; les revenus servent ensuite à financer des chaires, des fonds de recherche ou des bourses[6].

Le fonds qui nous intéresse le plus est le fonds avec restrictions. On y verse les sommes qui proviennent des subventions et des contrats de recherche, ou de celles qui servent à financer des chaires de recherche subventionnées. Ces sommes ne *peuvent pas être utilisées pour financer l'enseignement*. C'est pourquoi elles sont dites «avec restrictions», puisqu'elles sont consacrées à un ensemble circonscrit d'activités. Les universités québécoises reçoivent beaucoup de ces subventions destinées aux fonds de recherche «avec restrictions». En effet, le montant des subventions et des contrats de recherche alloués aux universités a presque été multiplié par 12 en 25 ans: entre 1980 et 2004, le montant des subventions externes allouées aux universités est passé de 117,9 M$ à 1,382 G$.

L'importance accrue de la recherche à l'université entraîne une augmentation du nombre de gestionnaires et des dépenses bureaucratiques. Il faut gérer les subventions, les enjeux légaux liés à l'obtention de brevets, les «transferts technologiques» d'inventions vers des compagnies privées: tout cela entraîne une augmentation des dépenses que requiert la recherche, lesquelles sont désignées par le vocable «frais indirects de la recherche» et sont financées en puisant à même le fonds de fonctionnement des universités. Le financement de la recherche vient donc grever

---

6. Les fonds de dotation sont à la merci des fluctuations des marchés et de la Bourse, comme le démontre le cas de l'Université de Montréal: «L'Université a fait face à de grands défis suite aux pertes causées par la crise financière et par la diminution de la valeur marchande de son Fonds de dotation» (www.bdrd. umontreal.ca/donner-ou-comment/fonds_dotation.html).

le budget qui devrait normalement être dédié à l'enseignement. Et c'est ainsi que, pour financer la recherche, on sous-finance l'enseignement.

On constate déjà les répercussions d'une telle politique. D'abord, chez les professeurs, la recherche prend le pas sur l'enseignement. Les professeurs-chercheurs se désintéressent de plus en plus de l'enseignement, désormais majoritairement dispensé par des chargés de cours souvent précaires (plus de 50 % des cours du premier cycle sont donnés par des chargés de cours dans les universités au Québec)[7]. Ensuite, les sommes allouées aux salaires des gestionnaires additionnels augmentent sans cesse. En effet, la part de la masse salariale attribuée à la direction des universités du Québec a augmenté de 2 % entre 1997 et 2005, alors que celle destinée au salaire des professeurs a diminué de 4,4 %. La masse salariale du personnel de direction et de gérance a augmenté de 83,2 % entre 1997 et 2004[8]. Donc, les budgets de fonctionnement consacrés à l'enseignement ou aux bibliothèques stagnent, alors que les fonds de recherche «avec restrictions» et les salaires des gestionnaires explosent. La recherche, elle, est loin d'être sous-financée. L'université se trouve donc écartelée entre deux missions et la recherche semble être en voie de dépasser l'enseignement dans l'ordre des priorités, alors qu'au départ l'université était destinée à la transmission de la connaissance.

---

7. FNEEQ, *Les chargés de cours dans nos universités: une contribution essentielle*, janvier 2007, p. 4.

8. Nathalie Dyke, Michel Umbriaco et Cécile Sabourin, *Financement des universités. Investir dans le corps professoral*, FQPPU, avril 2008, p. 7.

Sous-financement et malfinancement

Quand les recteurs se plaignent du sous-financement des universités, ils semblent beaucoup plus intéressés par le financement de la recherche que par celui de l'enseignement. Examinons, par exemple, ce que dit l'ex-recteur de l'Université de Montréal, Robert Lacroix: « Je pense que ce qu'il y a de plus essentiel actuellement pour aider Montréal dans son secteur scientifique et éventuellement dans son secteur d'innovation, c'est de redresser le financement des universités [...]. C'est vraiment un phénomène de sous-financement des universités québécoises qui est en train de nuire de façon extrêmement considérable à nos grandes *universités de recherche*[9]. »

Lorsque les recteurs évaluent le sous-financement universitaire à 620 M$, ils excluent de leurs calculs le fonds des entreprises auxiliaires (qui comprend les revenus d'activités, telles que les résidences, les cafétérias et les librairies), le fonds de dotation et le fonds des immobilisations. Mais surtout, ils excluent le fonds de la recherche subventionnée, une curieuse *méthodologie validée* par le *think-tank* économique CIRANO, qui estime que les « revenus du fonds de la recherche subventionnée [...] sont consacrés à des activités de recherche spécifiques et non pas aux activités courantes de fonctionnement. Pour cette raison, nous sommes d'avis qu'il est justifié d'exclure les revenus de la recherche subventionnée, de même que ceux du fonds des immobilisations, de l'exercice portant sur

---

9. Brigitte Saint-Pierre, « Les universitaires s'affichent solidaires. Le Pacte pour le financement concurrentiel de nos universités serait toujours d'actualité », *Le Devoir*, mercredi 17 novembre 2010, p. C6.

la comparaison des ressources de fonctionnement des établissements universitaires[10] ».

La CREPUQ exclut ainsi de ses calculs des fonds qui auraient tendance à relativiser la situation de « crise » qu'elle présente au public :

> D'abord, la CREPUQ choisit de ne pas prendre en compte l'ensemble des revenus universitaires afin d'effectuer sa comparaison. Les revenus des universités se divisent en six fonds. Pourtant, la CREPUQ en exclut quatre d'office : les fonds de recherche subventionnée, les fonds provenant des entreprises auxiliaires, les fonds d'immobilisations et les fonds de dotation. Le problème c'est que trois des quatre fonds laissés de côté sont à l'avantage du Québec lorsque vient le temps de faire une comparaison Québec-Canada. La CREPUQ, pour arriver à la conclusion du sous-financement, se doit donc d'exclure de son calcul les fonds allant à l'encontre de cette hypothèse[11].

Pourtant, derrière ce portrait alarmant se cache une réalité bien moins sombre. Selon le gouvernement du Québec, les dépenses globales des universités représentent 1,94 % du PIB de la province, contre 1,76 % en Ontario et 1,58 % dans le Canada sans le Québec. En combinant ce que le gouvernement, les étudiants et le privé investissent dans les universités, on obtient un total de 29 242 $ par étudiant au Québec, contre 26 383 $ en Ontario et 28 735 $ dans le reste du Canada. Si l'on compare cela avec les autres pays de l'OCDE, seuls les États-Unis et la

---

10. Claude Montmarquette, cité dans CREPUQ, *Le financement des universités québécoises comparé à celui des universités des autres provinces canadiennes de 2000-2001 à 2007-2008*, 17 novembre 2010, p. 23.

11. Philippe Hurteau, *Le financement des universités : aide-mémoire*, FNEEQ-CSN, 1er juin 2011, p. 11, www.fneeq.qc.ca/fr/fneeq/instances/Conseils_fxdxraux/CF2011-06-1-2-3/Hurteau-P-FINANCEMENT-UNIVERSITES.pdf

Corée du Sud devancent le Québec dans le classement des dépenses globales par étudiant! En ce qui concerne la recherche subventionnée, la dépense par étudiant s'est établie à 7 878 $ au Québec, comparativement à 6 225 $ dans le reste du Canada[12]. La part de la recherche occupe 26,2 % du budget global des universités québécoises contre seulement 21,5 % au Canada. Le Québec investit 283 M$ de plus en recherche que les autres universités du Canada[13]. Donc, le Québec donne déjà plus de financement public en formation et en recherche à ses universités que les autres provinces.

Selon la CREPUQ, le sous-financement se manifeste dans l'écart entre les fonds de fonctionnement dont disposent les universités du Québec et ceux dont disposent les universités du reste du Canada. Or, celles-ci ont beaucoup plus d'argent parce qu'elles ont procédé à des hausses massives des frais de scolarité dans les dernières années. Les recteurs du Québec espèrent que le gouvernement fédéral s'engagera prochainement à subventionner les « frais indirects de la recherche ». Mais cela ne suffit pas. Ils sont donc tentés de faire ce qu'ont fait les autres universités canadiennes, c'est-à-dire de puiser à même les poches des étudiants, puisqu'ils ne peuvent pas utiliser l'argent accumulé « avec restrictions » pour financer l'enseignement. Ce sont donc les étudiants qui sont appelés à porter ce fardeau. On leur dit que leur *contribution* servira à améliorer leur *expérience universitaire* et qu'ils en auront pour leur argent. Mais qu'en est-il vraiment?

---

12. Eric Martin et Simon Tremblay-Pepin, *Faut-il vraiment augmenter les frais de scolarité?*, Institut de recherche et d'informations socio-économiques (IRIS), 8 mai 2011, www.iris-recherche.qc.ca/publications/faut-il_vraiment_augmenter_les_frais_de_scolarite

13. Philippe Hurteau, *op. cit.*, p. 14.

Les nouvelles ressources dégagées par la hausse des frais

La hausse des droits de scolarité portera de 12,7 % à 16,9 % la contribution des étudiants au financement global des universités. Ainsi, 35 % des revenus (118 M$) provenant de la hausse des frais de scolarité serviront à bonifier le régime de prêts et bourses pour les gens qui sont *déjà boursiers*. C'est donc dire que plus du tiers des nouvelles ressources sera destiné aux mesures compensatrices censées neutraliser les conséquences socioéconomiques néfastes de la hausse des frais, au lieu de servir à améliorer la qualité de l'enseignement.

Il restera donc 530 M$ de ressources additionnelles. Seulement 50 % à 60 % de cette somme seront affectés à la qualité de l'enseignement. Notons que le budget Bachand affiche une conception plutôt élastique de cette notion :

> Les universités doivent disposer de nouvelles ressources pour améliorer l'environnement d'apprentissage des étudiants, investir dans leur diplomation et améliorer le taux d'encadrement des étudiants par des professeurs réguliers. *Les universités doivent également intensifier les activités de recherche.* Concrètement, il faut augmenter la réussite des étudiants québécois aux études universitaires, accroître le nombre de cours dispensés par les professeurs et faire en sorte que les diplômés bénéficient d'une meilleure insertion professionnelle[14].

---

14. Gouvernement du Québec, *Budget 2011-2012. Un plan de financement des universités équitable et équilibré. Pour donner au Québec les moyens de ses ambitions*, mars 2011, p. 12.

On en conclut que la qualité de l'enseignement se mesure partiellement en fonction de l'efficacité de l'encadrement, mais aussi que *l'intensification de la recherche* et de *l'insertion professionnelle* en sont des indicateurs.

Ensuite, 15 % à 25 % des revenus additionnels seront consacrés au *financement de la recherche*. De 10 % à 20 % des ressources supplémentaires des universités seront utilisées « afin d'améliorer le positionnement concurrentiel des établissements universitaires sur les scènes canadienne et internationale[15] ». On parle ici de financer la publicité et des mesures de séduction visant à attirer des étudiants étrangers ou des chercheurs et professeurs vedettes. Enfin, 5 % à 15 % des nouvelles ressources financeront des mesures administratives et gestionnaires.

La hausse des frais de scolarité entraînera d'importantes dépenses pour les étudiants, or les sommes qui seront versées à l'enseignement semblent bien maigres. Si l'on exclut la publicité, l'administration et la recherche, les sommes allouées à l'enseignement seront de l'ordre d'environ 265 M$, après la hausse projetée des droits de scolarité. Le gouvernement du Québec choisit ainsi d'appauvrir les étudiants pour dégager des ressources, somme toute, minimes. Des ressources qui sont jugées insuffisantes, puisque la CREPUQ souhaite rejoindre au plus vite la moyenne canadienne et indexer les frais de scolarité. Ainsi en Angleterre, les frais de scolarité viennent à nouveau de tripler.

Rappelons que, pendant ce temps les universités reçoivent 1,3 G$ en fonds de recherche avec restrictions. Ainsi, si l'on voulait régler le prétendu problème de sous-financement sans

---

15. *Ibid.*

hausser les frais, il suffirait de réorienter 265 M$ de ces fonds avec restrictions vers les budgets de fonctionnement des universités. Rappelons, du reste, qu'il s'agit le plus souvent de subventions publiques provinciales ou fédérales.

L'inconséquence du discours sur le sous-financement est tellement flagrante que l'on se demande pourquoi des fonds publics financent la recherche plutôt que les budgets de fonctionnement. Pourquoi sous-financer l'enseignement, faire payer les étudiants, tout en continuant d'augmenter les fonds de recherche? Le financement de la recherche est une marque de prestige pour les universités qui, dès lors qu'elles n'ont plus la formation intellectuelle et la transmission de la culture commune pour objectif, deviennent obsédées par leur position dans le classement mondial, comme en font foi les nombreux palmarès qui pullulent dans les magazines branchés. L'obsession de la recherche n'est pas une lubie des universités : ce sont les gouvernements qui, comme nous le verrons plus loin, ont adhéré au mythe de l'économie du savoir, qui prétend que la production de la richesse passe désormais par la marchandisation de la connaissance. Selon cette idéologie, la meilleure chose à faire serait de placer les universités en concurrence pour qu'elles produisent un maximum de brevets. C'est pourquoi les gouvernements ont des plans d'investissement et des stratégies d'innovation qui, grâce aux subventions puisées à même les deniers publics, visent à stimuler la recherche à visée commerciale au sein de l'université.

Contrairement à ce que l'on pourrait penser, la hausse des frais de scolarité ne servira pas à corriger le problème du sous-financement de l'enseignement universitaire. Elle servira surtout à appliquer le modèle anglo-saxon au Québec :

des universités de recherche abondamment financées, où le fardeau du coût de l'enseignement incombe à des étudiants qui paient des frais de scolarité élevés. Et plus on augmentera les frais, plus se creusera l'écart entre l'université de la connaissance, appauvrie, et la nouvelle université de la recherche, grassement subventionnée.

Mythe 2

La hausse des droits de scolarité ne réduit pas l'accès à l'université.

Partout, on entend cette litanie : « Nous payons les frais de scolarité les plus bas en Amérique du Nord. Il faut rejoindre la moyenne canadienne ! » On sait maintenant que les recteurs, les ministres et les chambres de commerce rêvent d'une université où la recherche et le développement technico-scientifiques seront largement financés par les impôts et où les étudiants paieront plus cher pour leurs cours. Mais on soutient qu'il n'y a pas lieu de s'inquiéter : cela n'aura pas trop de conséquences néfastes pour les étudiants. On constate pourtant que les hausses des frais de scolarité réduisent la fréquentation scolaire et augmentent l'endettement.

Disons-le d'emblée : contrairement à ce que prétendent les défenseurs de la hausse des frais de scolarité, une telle mesure aura des impacts négatifs sur la fréquentation scolaire et découragera ceux qui désirent entreprendre ou poursuivre des études supérieures. « Le rapport entre des droits élevés et de bas taux de fréquentation est également confirmé historiquement. Au début des années 1990, le gouvernement du Québec a imposé une hausse importante des droits de scolarité. Le taux d'accès a diminué de plus de 5 % entre 1992-1993 et 1997-1998, alors que pendant les périodes de gel des droits qui ont précédé et suivi cette hausse, ce taux a maintenu une croissance marquée[1]. »

Hausse de l'endettement

Les hausses dans le Canada anglais ont entraîné un accroissement de l'endettement des étudiants. Pour l'heure, les étudiants québécois sont moins endettés que ceux du reste du Canada. En 2009, au Québec, les étudiants de dernière année du baccalauréat s'étant endettés devaient en moyenne 15 102 $. L'endettement moyen atteignait 25 778 $ en Ontario et 26 680 $ pour l'ensemble du Canada, toutes dettes confondues. En Nouvelle-Écosse, l'endettement est deux fois plus élevé qu'au Québec[2].

Cette augmentation des dettes étudiantes s'inscrit dans un contexte général d'endettement des ménages qui atteint des sommets catastrophiques[3] : « La dette totale des ménages canadiens atteint un record de tous les temps, et les consommateurs ont de moins en moins les moyens de continuer à faire rouler l'économie », nous apprenait, en juin 2011, une étude sur l'endettement des Canadiens publiée par l'Association des

---

1. Eric Martin et Simon Tremblay-Pepin, *op. cit.*

2. Gouvernement du Québec, *Document d'appui à la réflexion. L'avenir des universités et leur contribution au développement du Québec*, décembre 2010, Québec, p. 59.

3. Simon Tremblay-Pepin et Julia Posca, *À qui profite l'endettement des ménages?*, IRIS, 30 mars 2011, www.iris-recherche.qc.ca/publications/a_qui_profite_lendettement_des_menages_

comptables généraux accrédités du Canada (CGA-Canada)[4]. En conséquence, « les Canadiens doivent en moyenne 3 688 $ sur leurs cartes de crédit. Les marges de crédit, elles, affichent un solde moyen de 34 000 $[5] ». Selon Statistique Canada, près d'un Canadien sur dix vit dans la pauvreté[6].

Au Québec, le solde moyen des cartes de crédit (de 3 539 $) est alarmant, mais pour l'heure l'endettement par consommateur (de 18 025 $) est nettement moins élevé que la moyenne nationale. Cela dit, nous ne tarderons pas à atteindre cette dernière puisque « c'est au Québec que la *hausse de l'endettement est la plus marquée*, avec une augmentation de 7,8 % de l'endettement individuel, exclusion faite des prêts hypothécaires. Seule la province de Terre-Neuve a vu l'endettement de ses consommateurs progresser aussi rapidement[7] ». Au rythme où vont les choses, si nous suivons les recommandations des pleureuses du sous-financement et celles des promoteurs de la tarification tous azimuts, nous rejoindrons sous peu la moyenne canadienne des frais de scolarité, mais aussi, grand acquis social, la moyenne canadienne de l'endettement. En

---

4. Hélène Baril, « Les consommateurs sont essoufflés », *cyberpresse.ca*, 15 juin 2011, lapresseaffaires.cyberpresse.ca/economie/canada/201106/15/01 -4409291-les-consommateurs-sont-essouffles.php

5. David Descôteaux, « Une petite gène, quand même », *Argent*, 15 juin 2011, descoteaux.argent.canoe.ca/general/une-petite-gene-quand-meme

6. La Presse canadienne, « Près d'un Canadien sur dix vit dans la pauvreté, selon Statistique Canada », 15 juin 2011, cité dans *98,5 fm*, www.985fm. ca/economie/nouvelles/pres-d-un-canadien-sur-dix-vit-dans-la-pauvrete-s-81713.html

7. Sophie Cousineau, « De plus en plus endettés, les Québécois », *cyberpresse.ca*, 1er juin 2011, blogues.cyberpresse.ca/lapresseaffaires/cousineau/ 2011/06/01/de-plus-en-plus-endettes-les-quebecois

matière d'endettement, le Québec est capable de réussir tout aussi bien, si ce n'est mieux que le Canada...

Mais, puisqu'on y est, pourquoi s'arrêter là ? Aux États-Unis les frais de scolarité atteignent 40 0000 USD dans certaines institutions, ce qui n'est pas loin du revenu médian des ménages, qui se situe à 50 000 $ par année[8]. Selon le *New York Times,* certains diplômés en droit ont des dettes de plus de 250 000 $ et font face aux pires perspectives d'emploi depuis des décennies[9]. En Angleterre les frais ont triplé deux fois dans les dix dernières années pour atteindre 10 310 £ (16 355 $), à tel point que des *fee refugees,* des « réfugiés des frais », ont fui en Écosse[10] et jusque dans les universités d'État américaines[11] où les frais sont, à l'heure actuelle, moins élevés. Quand le Québec se sera bien adapté à ce modèle génial, peut-être les étudiants pourront-ils se sauver quelque part en Scandinavie, où la gratuité scolaire est toujours préconisée. Des *fee refugees* québécois : un projet d'avenir visionnaire.

---

8. Noah Baron, « Destroying Education in the Name of Free Market », *huffingtonpost.com*, 13 juin 2011, www.huffingtonpost.com/noah-baron/college-tuition-costs_b_875705.html

9. David Segal, « Is Law School a Losing Game ? », *nytimes.com*, 8 janvier 2011, www.nytimes.com/2011/01/09/business/09law.html ? _r=1

10. Élisabeth Blanchet, « Angleterre : premières conséquences du triplement des frais de scolarité dans les universités », *EducPros.fr*, 7 juin 2011, www.educpros.fr/detail-article/h/bf04db7415/a/angleterre-premieres-consequences-du-triplement-des-frais-de-scolarite-dans-les-universites.html

11. Thomas Costello, « Dramatic Raise in UK Applicants to US Universities », *ibtimes.com*, 15 juin 2011, uk.ibtimes.com/articles/163373/20110615/university-ivy-league-us-uk-eu-tuition-fees-education-university.htm

Le remboursement proportionnel au revenu est-il une solution ?

Qui dit « frais de scolarité élevés » dit « endettement élevé ». Les pouvoirs publics eux-mêmes le reconnaissent. C'est pourquoi, en Angleterre et en Australie, pour donner une aura d'acceptabilité sociale aux hausses des frais de scolarité, les gouvernements ont instauré des régimes de remboursement proportionnel au revenu (RPR), aussi appelés impôts postuniversitaires (IPU). Ces programmes prévoyaient que les étudiants ne rembourseraient leurs frais de scolarité qu'une fois leurs études terminées, sous la forme d'un impôt spécial payé sur 25 ans et proportionnel à leur revenu futur. Cette idée est empruntée à l'économiste néolibéral Milton Friedman, qui admettait lui-même que de tels prêts constituaient une forme « d'esclavage partiel ». Ceux-ci servaient, ajoutait-il, à dénationaliser l'éducation, c'est-à-dire à en privatiser le financement et à la dissocier de ses points d'ancrage que sont l'État et la culture commune. Autrement dit, à la transformer en entreprise.

Ces prêts étaient donc censés permettre aux étudiants d'absorber les hausses et de les amortir sur plusieurs années. Malheureusement, cette mesure a ensuite servi à justifier les récurrentes augmentations des droits de scolarité et de l'endettement étudiant, cautionnant ainsi le désengagement de l'État et le retrait du financement public et laissant les individus aux prises avec des dettes pouvant s'élever jusqu'à 200 000 $, en Australie. Dans un contexte de désengagement étatique, le système des RPR a été créé dans l'intention d'accroître la participation étudiante au financement de l'éducation supérieure, à hauteur de 20 %. Mais, contrairement aux prévisions et aux simulations techniques, ce pourcentage a largement été dépassé à mesure que s'accentuait le désengagement de l'État. Si bien que le créateur du programme lui-même estime aujourd'hui que l'Australie a atteint le point de non-retour au-delà duquel il faut cesser de hausser les frais de scolarité, parce que la dette étudiante explose. La formule « Étudiez maintenant, payez plus tard » peut sembler alléchante, mais elle devient vite un outil pour augmenter indéfiniment les frais de scolarité et endetter toujours plus les étudiants.

À QUI PROFITE L'ENDETTEMENT ÉTUDIANT ?

Les seuls bénéficiaires des hausses des frais de scolarité sont les banques, puisqu'elles empochent les intérêts ou vendent les dettes comme produits financiers sur les marchés boursiers[12]. Sans oublier qu'elles n'en finissent plus de solliciter la « clientèle » étudiante, une véritable mine d'or. En France, le site www.financetesetudes.com va même jusqu'à reprendre le modèle des sites de rencontre pour créer des liens entre les étudiants

---

12. La crise économique de 2008 a été principalement provoquée par la vente de « créances toxiques », c'est-à-dire de dettes que l'on transformait en titres (titrisation), en « papiers commerciaux adossés à des actifs » (PCAA) pour les vendre ensuite en Bourse et les ouvrir à la spéculation. Les dettes individuelles deviennent donc une marchandise. Il y a fort à parier que les dettes en éducation constitueront une bonne partie de la prochaine bulle spéculative. Voir Laurent Chambon, « L'éducation, nouvelle bulle spéculative aux États-Unis », *rue89.com*, 26 avril 2011, www.rue89.com/2011/04/26/leducation-nouvelle-bulle-speculative-aux-etats-unis-201381

et les banques[13]. Après le marché de l'amour, le marché des étudiants.

Criblés de dettes, bien des étudiants développeront une aversion à l'égard de l'endettement (*debt aversion*) : ils choisiront de ne pas étudier, ou s'inscriront à des programmes plus courts et plus « payants » qui n'offrent pourtant aucune garantie d'emploi. En effet, en 2010, le Bureau international du travail (BIT) prévoyait une augmentation continue du chômage global des jeunes qui, cette année-là, avait déjà atteint un niveau record de 81,2 millions pour un taux de 13,1 %. Selon le BIT, ces tendances auront « de sérieuses conséquences pour les jeunes alors que des nouveaux arrivants sur le marché du travail viennent grossir les rangs de ceux qui sont déjà au chômage ». Celui-ci met en garde contre « le risque d'une "génération perdue", constituée de jeunes gens qui sont totalement détachés du marché du travail et ont perdu tout espoir de pouvoir travailler pour gagner décemment leur vie[14] ».

Un inquiétant portrait commence à se dessiner. Dans un contexte de concurrence globalisée, l'élite économique veut que les universités l'aident à s'enrichir et fait pression pour obtenir le soutien des étudiants et de l'État.

Les étudiants qui décrochent tombent tout simplement du train. Les autres s'en sortiront avec de lourdes dettes (très

---

13. Christine Lejoux, « Financetesetudes.com fait le lien entre jeunes et banques », *latribune.fr*, 9 juin 2011, www.latribune.fr/blogs/la-start-up-internet-de-la-semaine/20110609trib000628315/financetesetudes.com-fait-le-lien-entre-jeunes-et-banques.html

14. Morgane Remy, « Le BIT met en garde contre le risque d'une "génération perdue" », *usinenouvelle.com*, 12 août 2010, www.usinenouvelle.com/article/le-bit-met-en-garde-contre-le-risque-d-une-generation-perdue. N136703

appréciées des banques) et traverseront une longue période de précarité ou d'exclusion, ce qui signifie qu'ils continueront de vivre à crédit (ce qui est aussi très apprécié des banques). On comprend mieux, désormais, en quoi « l'économie du savoir » est un piège : les entreprises utilisent des ressources collectives financées par les individus et les fonds publics pour créer de l'innovation dans le but de capter des flux d'investissement. L'avenir radieux qu'elles font miroiter est un mirage qui occulte les dettes, l'insécurité, la précarité et la misère qui nous attendent.

Mythe 3

La hausse des frais de scolarité sera compensée par une augmentation de l'aide financière aux études et indexera ces frais à la valeur qu'ils avaient en 1968.

Nous savons maintenant que le prétendu sous-financement est un écran de fumée qui vise à imposer aux étudiants le fardeau financier de la nouvelle université de recherche commerciale, temple de l'économie du savoir. Nous avons également vu que cela entraînera forcément une baisse de la fréquentation et un accroissement des dettes étudiantes. « Ne vous inquiétez pas ! » dit la ministre de l'Éducation, Line Beauchamp, les hausses seront « accompagné[es] du bon programme d'aide financière aux étudiants, un programme bonifié qui fera en sorte que tout étudiant, tout adulte québécois qui veut aller à l'université aura les moyens de le faire[1] ». Aucun

---

1. Tommy Chouinard et Louise Leduc, « La hausse annoncée des droits de scolarité crée des remous », *cyberpresse.ca*, 16 mars 2011, www.cyberpresse.ca/actualites/quebec-canada/education/201103/16/01-4379958-la-hausse-annoncee-des-droits-de-scolarite-cree-des-remous.php

problème à première vue, puisque le gouvernement offrira une aide financière à qui n'a pas les moyens de payer les nouveaux frais de scolarité élevés.

L'ILLUSION DES PRÊTS ET BOURSES

Pourquoi le gouvernement augmente-t-il les frais d'un côté si, de l'autre, il doit débourser une somme équivalente en aide financière? Il n'y a qu'une explication: la bonification du programme de prêts et bourses ne couvrira pas tout le monde. En effet, si l'on regarde de plus près, on apprend que « de tous les étudiants qui auront besoin d'aide, *seuls les boursiers actuels* du programme d'aide financière aux études (soit 17 % des étudiants) auront droit à cette compensation. Les autres (83 %) devront payer le plein prix, soit 3 793 $ par année[2] ». Les gens qui ont déjà des bourses recevront un supplément du gouvernement. Les autres, la majorité, pour ne pas dire la quasi-totalité, subiront la hausse des frais de plein fouet.

Ceux qui ont des prêts contracteront d'autres prêts (donc plus de dettes). Les autres devront se résigner à travailler plus (ce qui, comme on le sait, réduit l'attention portée aux études). On ne voit donc pas en quoi la «bonification» du régime de prêts et bourses apporte quoi que ce soit au débat. Du crédit, des dettes ou plus d'heures de travail pour 83 % des étudiants, et ce, sans aucune évaluation sérieuse des conséquences que cela aura sur leurs résultats scolaires: on ne peut pas dire qu'on soit en présence d'un mécanisme qui annule les conséquences socioéconomiques néfastes de la hausse. Bien au contraire, le

---

2. Eric Martin et Simon Tremblay-Pepin, *op. cit.*, p. 11.

régime des prêts et bourses compense les inconvénients que subissent certains des plus démunis, mais laisse écoper la majorité des étudiants issus des « classes moyennes ».

POURQUOI 1968 ?

Il n'y aurait pas de quoi s'alarmer puisque, selon le ministre des Finances, Raymond Bachand, « en 2016-2017, la hausse des droits de scolarité amènera ces droits au niveau qu'ils avaient en 1968, si l'on tient compte de l'inflation[3] » et chacun paiera ainsi sa « juste part » pour s'instruire. Une telle affirmation recèle deux tromperies : d'une part, le choix de l'année 1968 n'est pas innocent, comme le souligne une brochure de l'IRIS :

> 1968, est la dernière année d'existence au Québec d'un système d'éducation universitaire de petite taille, élitiste et relativement peu coûteux pour l'État. En effet, dès l'année suivante, l'accès à l'université connaît une phase de démocratisation avec la fondation de l'Université du Québec à Montréal (UQAM). Suit le réseau des Universités du Québec (UQ) avec ses consœurs de Trois-Rivières (UQTR), Chicoutimi (UQAC), Rimouski (UQAR), Hull (UQAH, devenue UQO) et de l'Abitibi-Témiscamingue (UQAT). Avec la hausse conséquente du budget consacré au système d'éducation, il est peu surprenant que la part du financement émergeant des droits de scolarité ait diminué au fil des ans[4].

C'est donc dire que 1968 est probablement la pire année de référence puisqu'elle précède les réformes par lesquelles on a

---

3. Gouvernement du Québec, *Budget 2011-2012. Un plan de financement des universités équitable et équilibré. Pour donner au Québec les moyens de ses ambitions*, *op. cit.*, p. 21.

4. Eric Martin et Simon Tremblay-Pepin, *op. cit.*, p. 13.

façonné l'université en accord avec des idéaux d'universalité, d'égalité des chances, de mobilité sociale et de redistribution de la richesse.

D'autre part, pour Simon Tremblay-Pepin, chercheur à l'IRIS, il est plus révélateur de comparer le nombre d'heures de travail requises pour payer ses études en 1968 et après la hausse actuelle, que de s'en tenir au prix nominal des études. On découvre alors qu'il faudra travailler deux fois plus longtemps qu'à l'époque pour s'acquitter des droits de scolarité après l'augmentation des frais : « Si l'équité entre les différentes géné-rations est si importante pour le ministre Bachand, on peut lui demander en quoi il serait juste qu'un étudiant doive aujourd'hui travailler deux fois plus longtemps pour payer ses études que ceux et celles qui fréquentaient l'université il y a plus de 30 ans[5]. » Comme le souligne la brochure publiée par Martin et Tremblay-Pepin :

> Neuf semaines de travail à temps plein, c'est généralement tout ce dont dispose un étudiant pour travailler l'été. En 2015, même après avoir travaillé tout l'été, l'étudiant n'aura pas un sou en poche en septembre pour se nourrir, se loger et se véhiculer jusqu'à l'université. C'est dire que la « juste part » du ministre Bachand signifie, en réalité, payer beaucoup plus cher en droits de scolarité que les étudiants des 30 dernières années[6].

La fallacieuse comparaison avec l'année 1968 vient directe-ment du document *Urgence d'agir pour les universités*, publié par les recteurs :

---

5. *Ibid.*, p. 14.
6. *Ibid.*

La CREPUQ est d'avis que le rétablissement des droits de scolarité à l'équivalent de leur valeur réelle de 1968-1969 devrait faire partie des hypothèses envisagées de façon prioritaire. On constate en effet que le niveau des droits de scolarité est aujourd'hui inférieur en dollars constants à ce qu'il était en 1968-1969. Si les droits de scolarité avaient simplement été indexés selon l'IPC [indice des prix à la consommation] au cours de cette période, ils atteindraient 3 500 $ en 2011-2012, au lieu de 2 168 $[7].

PRIVATISATION DU FINANCEMENT

Selon la CREPUQ, on ne saurait tolérer que les étudiants déboursent moins aujourd'hui qu'à l'époque du système élitiste d'avant la création du réseau des Universités du Québec. Il faut donc augmenter les frais de scolarité et, par conséquent, les heures de travail des étudiants. Ce qui est présenté comme une mesure de justice (les gens paieront autant qu'en 1968) est en fait une caution *d'injustice*: nous avons rendu l'éducation trop accessible, il faut maintenant faire payer les étudiants autant, sinon plus qu'auparavant. Pourquoi disons-nous « plus » si l'on parle d'ajuster les frais à ceux de 1968 ? Parce que cet argument fallacieux sert à étayer l'idée que l'éducation n'est pas un service public, mais un investissement privé qui doit être considéré comme n'importe quelle marchandise commerciale et indexée au panier de consommation, c'est-à-dire à l'IPC. Le dernier budget annonce ainsi une mesure passée un peu inaperçue : « À compter de 2016-2017, les droits de scolarité seront

---

7. CREPUQ, *Urgence d'agir pour les universités. Le Québec à la croisée des chemins*, *op. cit.*, p. 22.

indexés selon les modalités prévues à la politique gouverne-mentale de tarification des services publics.» Cela démontre que la rhétorique du «retour à 1968» ne sert qu'à discréditer la réduction progressive du coût des études, échelonnée sur 40 ans, et à mettre fin à ce partage de la richesse pour le rem-placer par le fabuleux projet d'une augmentation du coût de l'éducation en fonction de l'inflation (alors que l'on sait très bien que les salaires, surtout le salaire minimum, ne sont *pas* indexés).

On voit donc mal en quoi les ajustements aux prêts et bour-ses ou l'indexation des frais de scolarité à ceux de 1968 peuvent être présentés comme une mesure socialement juste. Comme le souligne le professeur François Blais de l'Université Laval: «Notre système de prêts et bourses, comme tous les systèmes exigeant un contrôle préalable des ressources, demeure un obs-tacle administratif pour les jeunes des milieux défavorisés. Le bonifier pour certains domaines d'études ne contribue pas à changer la préoccupation de l'endettement des jeunes de milieux défavorisés qui n'ont pas autour d'eux de modèles d'universitaires accomplis, comme c'est le cas des fils et filles à papa[8].»

En somme, l'élite économique s'approprie le système d'édu-cation. Elle en limite l'accès en faisant augmenter les frais et donne préséance aux finalités économiques, au mépris de la mission fondamentale des établissements d'enseignement supérieur. Elle ment lorsqu'elle prétend que les prêts et bourses compenseront. Elle veut nous faire croire qu'elle prône un

---

8. François Blais, «Droits de scolarité modulés: un bénéfice pour qui?», *ledevoir.com*, 22 février 2010, www.ledevoir.com/societe/education/283565/libre-opinion-droits-de-scolarite-modules-un-benefice-pour-qui

retour à l'université de 1968, alors qu'elle cherche précisément à financer une opération qui transformera la connaissance en marchandise et l'université en *think-tank* économique, en *fast food* de la pensée, soit l'exact opposé de ce qu'était le cours classique, et ce, sur le dos des étudiants endettés. La hausse des frais de scolarité est tout sauf une mesure socialement juste. Malgré toutes les pirouettes rhétoriques destinées à nous faire croire le contraire, l'arnaque demeure flagrante : on essaie de faire payer les Québécois pour le renversement des finalités d'institutions autrefois publiques.

Mythe 4

La modulation des frais de scolarité par discipline est plus équitable.

Penchons-nous maintenant sur un autre argument tout aussi suintant de malhonnêteté, qui sert à justifier l'abolition de l'université publique, indépendante et accessible, soit que des frais de scolarité bas « subventionneraient les riches ».

Laissons l'ancien ministre péquiste et signataire du manifeste des « lucides » Joseph Facal présenter la « substance » de cet argument, dans cet extrait tiré de son blogue :

> Les vrais facteurs qui déterminent l'accès à l'université sont le revenu des parents, la valorisation de l'éducation dans le foyer familial, et les notes obtenues aux niveaux inférieurs. Au Québec, malgré nos droits si bas, un enfant dont les parents gagnent plus de 100 000 $ par an a plus de deux fois plus de chances de fréquenter l'université que celui dont les parents gagnent moins de 25 000 $. Si les hausses des droits ne freinent pas la fréquentation universitaire, c'est parce que la majorité des enfants issus des milieux pauvres ne se rend même pas jusqu'aux portes de l'université. [...] Des droits de scolarité ridiculement bas reviennent à faire subventionner l'éducation universitaire d'enfants issus, pour la plupart, des milieux aisés, par les travailleurs à revenus modestes, dont les

enfants auront proportionnellement moins de chances d'accéder à l'université. Des pauvres qui subventionnent des riches, c'est une curieuse conception de la justice sociale, non[1] ?

L'IMPÔT : UNE MESURE DE JUSTICE SOCIALE PLUS ÉQUITABLE

Comme tous les défenseurs de cet argument, Joseph Facal oublie, comme par hasard, de préciser qu'il existe un système d'une simplicité et d'une efficacité redoutables pour corriger des déséquilibres comme cette prétendue subvention aux riches : l'impôt progressif. Si monsieur Facal était sincèrement convaincu que chacun doit payer selon ses moyens, il aurait là un beau cheval de bataille. En effet, ce système d'imposition qui repose sur la capacité de payer des contribuables fait en sorte que, pour pouvoir utiliser un même banc public par exemple, un riche paiera beaucoup plus qu'un pauvre. Il en va de même pour l'université gratuite : riches et pauvres étudient gratuitement et c'est au moment de payer leurs impôts que les riches déboursent la différence. Malheureusement, l'élite a décrété que l'impôt progressif était une bête à abattre : pour s'en convaincre, il suffit d'ouvrir un journal, d'écouter un bulletin de nouvelles ou, si le cœur vous en dit, de lire un énoncé économique. Les gouvernements s'en prennent au système progressif à coups de hache afin, disent-ils, d'encourager les riches à investir ici (c'est un peu la *Grande séduction*). C'est ce qu'ils appellent un « environnement fiscal compétitif », ce qui

---

1. Joseph Facal, « L'éternel recommencement », *josephfacal.org*, 11 avril 2008, www.josephfacal.org/leternel-recommencement

désigne en fait l'abolition des mécanismes de redistribution de la richesse et l'uniformisation des tarifs à la *consommation* des services, sans tenir compte des profondes disparités entre les revenus des *consommateurs*.

En bon «lucide», Joseph Facal voudrait que les riches payent moins d'impôts, comme il l'affirme dans son commentaire sur les mesures de la «gauche efficace[2]» proposées par Jean-François Lisée: «Privatiser partiellement Hydro-Québec, augmenter les tarifs d'électricité au niveau ontarien, hausser en contrepartie les prestations sociales, baisser la fiscalité des entreprises productives, *baisser les impôts des riches à la moyenne nord-américaine,* hausser la TVQ et la taxation des biens de luxe, etc. *Je les endosse toutes,* sauf pour la première dont je suis moins sûr[3].» Facal semble avoir un certain attachement pour Hydro-Québec, en revanche il ne tient pas du tout à la progressivité de l'impôt: «Il faut travailler simultanément sur la colonne des revenus et celle des dépenses, mais faire plus de réductions de dépenses que de hausses d'impôts et de taxes[4].» Bref, pour M. Facal, les riches ne doivent pas payer «trop» d'impôts.

Il n'est pas question ici de contredire Joseph Facal sur le fait que *d'autres facteurs* socioculturels ont une incidence sur le taux de fréquentation des universités. Il s'agit seulement de montrer que l'affirmation selon laquelle on va «subventionner les riches» avec des frais de scolarité peu élevés relève de la

---

2. La gauche efficace désigne la gauche qui met en place les mêmes mesures économiques que la droite libérale.

3. Joseph Facal, «La guéguerre des étiquettes», *josephfacal.org*, 1er décembre 2010, www.josephfacal.org/la-gueguerre-des-etiquettes

4. Joseph Facal, «Les sept leçons de la Suède», *josephfacal.org*, 5 janvier 2011, www.josephfacal.org/les-sept-lecons-de-la-suede

démagogie. Une démagogie d'autant plus malveillante que ceux qui la professent soutiennent souvent du même souffle qu'il faut baisser les impôts.

Le retard historique du Québec offre aussi quelques avantages. Nous avons eu notre New Deal 25 ans après les États-Unis, au moment de la Révolution tranquille. On nous invite aujourd'hui à abandonner ce modèle, 25 ans après que Ronald Reagan ait achevé de liquider l'héritage de Roosevelt. Il suffit donc aujourd'hui d'observer les États-Unis pour savoir ce qui nous attend si on s'engage sur cette pente savonneuse. Ceux qui savent regarder y verront une classe moyenne à l'agonie et une ploutocratie assez décadente qui corrompt la vie civique. Il serait bon de réfléchir avant de suivre les enseignements de Joseph Facal.

LA MODULATION DES FRAIS EN FONCTION DES DOMAINES D'ÉTUDES

Non contents de détruire la structure de redistribution de la richesse et de tarifer l'éducation sans égard aux revenus des étudiants, certains voudraient que les tarifs varient selon les domaines d'études. C'est ce que l'on appelle la modulation des droits de scolarité: «N'est-il pas injuste, se demande-t-on en outre, d'avoir une politique de tarification identique alors que, dans les faits, il existe des disparités énormes entre les coûts de formation d'un sociologue et d'un médecin, sans parler des revenus que l'un et l'autre peuvent attendre un jour de leur formation[5]?» Or, cette modulation, présentée comme une

---

5. François Blais, *op. cit.*

mesure de justice sociale, est en fait le moyen le plus sûr d'accroître les inégalités sur le plan de l'accès aux études.

Le Canada anglais, fidèle à ses habitudes, nous a précédés sur la voie de la catastrophe. Laissons à l'éloquence des chiffres de Statistique Canada le soin d'en faire la démonstration : « Entre 1995-1996 et 2001-2002, et ce, après avoir tenu compte de l'inflation, les frais de scolarité ont augmenté de 132 % en médecine, de 168 % en dentisterie et de 61 % en droit, par rapport à seulement 34 % dans l'ensemble des programmes de premier cycle au Canada[6]. »

Durant la même période, « les tendances en matière d'inscriptions selon les antécédents socioéconomiques », c'est-à-dire la diversité du corps étudiant selon la classe sociale d'origine de ses membres, n'a pratiquement pas varié au Québec et en Colombie-Britannique, grâce au gel des frais alors en vigueur dans ces provinces. Mais en Ontario, « les tendances en matière d'inscriptions selon les antécédents socioéconomiques des étudiants ont beaucoup changé. En fait, la proportion d'étudiants dont les parents se situent aux deux extrémités de l'échelle des niveaux de scolarité (ceux qui n'ont pas de diplôme d'études postsecondaires et ceux qui ont un grade supérieur ou professionnel) a connu une hausse, alors que la proportion d'étudiants dont les parents possédaient un diplôme d'études postsecondaires inférieur à un grade supérieur ou professionnel (diplôme d'études collégiales ou baccalauréat) a régressé[7]. »

---

6. Statistique Canada, *La déreglementation des frais de scolarité – Qui paie ?*, 1er décembre 2008, www.statcan.gc.ca/pub/81-004-x/2006001/9183-fra.htm

7. *Ibid.*

C'est dire que la classe moyenne, qui ne bénéficiait pas de l'aide financière, a été laissée pour compte :

> Il se peut que selon un système d'éducation postsecondaire déréglementé, toutes les formes d'études supérieures ne soient *accessibles qu'aux étudiants dont les familles peuvent se permettre d'absorber elles-mêmes les frais, ou à ceux qui sont admissibles à l'aide financière aux étudiants.* Un grand nombre d'étudiants issus de familles ayant un niveau de scolarité moyen peuvent se trouver dans une situation où ils n'ont *ni l'une ni l'autre de ces options*[8].

Voyons ce qui s'est produit, selon l'étude qu'a menée Marc Frenette, chercheur à Statistique Canada, pour observer l'incidence des frais de scolarité sur l'accès à l'université et les résultats de la vaste déréglementation des frais de scolarité des programmes professionnels :

> En Ontario, les frais de scolarité ont augmenté de façon spectaculaire dans chacun des trois programmes de formation professionnelle entre 1995-1996 et 2001-2002. Les hausses ont été particulièrement marquées en médecine et en dentisterie (241 % et 315 %, respectivement). En droit, les frais de scolarité se sont également accrus de façon importante (141 %). Par contre, la Colombie-Britannique a connu des baisses modérées dans chacun des trois programmes (entre 10 % et 12 %). *Au Québec, les frais de scolarité ont chuté de 9 % dans les programmes de droit* [...][9].

N'est-ce pas exactement ce que nous disions plut tôt ? L'aide financière ne bénéficiera qu'à une petite minorité, les riches s'en tireront à bon compte, mais la majeure partie de la population se trouvera confrontée à un endettement dissuasif, lequel

---

8. *Ibid.*
9. *Ibid.*

sera encore pire dans les programmes menant à des professions prestigieuses où les frais seront plus élevés : « 80 % des diplômés en médecine qui avaient terminé leurs études étaient endettés au moment de l'obtention de leur diplôme et [...] devaient en moyenne 38 200 $. Les dettes des trois quarts des diplômés en médecine étaient supérieures à 25 000 $. » Au Québec, à cause du gel des frais de scolarité, le coût d'un diplôme en droit *diminuait,* pendant qu'ailleurs il *augmentait de 141 %,* un modèle qu'on nous invite à copier. On a déjà dit qu'aux États-Unis, les diplômés en droit pouvaient, dans certains cas, être endettés de plus de 250 000 $. Il y a lieu de se demander s'il y a une limite à cette folie.

Le gel et la réduction des frais limitent l'endettement étudiant et créent des conditions optimales d'accessibilité pour *l'ensemble des classes sociales.* Or, ce que révèle l'étude de M. Frenette, c'est que les politiques de hausse des frais de scolarité avantagent surtout les riches, spécialement dans les domaines dérégulés où les prix deviennent prohibitifs, de même qu'une minorité de pauvres à qui l'on offre des bourses, sans doute par charité. Mais la majorité des membres de la classe moyenne tombent dans les craques du plancher, entre les très pauvres et les très riches, et y sont abandonnés.

L'EXEMPLE BRITANNIQUE

La situation en Grande-Bretagne nous donne une idée de ce à quoi nous pouvons nous attendre. En effet, lorsque le ministre britannique de l'Enseignement supérieur a élevé le plafond des frais de scolarité, presque toutes les universités ont appliqué le prix maximal, alors que le gouvernement s'attendait à ce qu'elles fixent des prix variés. En Angleterre, le gouvernement se contente de fixer un *cap*, un plafond pour les frais de scolarité en deçà duquel les universités sont libres de choisir le prix qu'elles veulent charger à leurs étudiants. Celui-ci s'étonne ensuite de ce que la majeure partie d'entre elles opte pour le montant maximal permis (on se demande bien ce que cela a d'étonnant). En 2015, le plafond en question passera à 9 000 £, soit près de 13 000 $. Parions qu'il augmentera encore d'ici dix ans. La logique, en effet, s'emballe.

On sait par ailleurs qu'une première université privée, fondée par le philosophe Anthony Grayling, ouvrira ses portes à Londres en 2012[10] et que l'on compte y exiger des frais de 20 000 € par an (28 000 $). Mais il n'y a pas lieu de s'inquiéter : « Anthony Grayling et ses comparses assurent que l'aspect *premium* de l'enseignement justifie de tels frais de scolarité et que les enseignants seront payés 25 % plus cher que leurs collègues du public. Enfin, pour ne pas compter parmi ses rangs que des étudiants issus de milieux privilégiés, le New College attribuera des bourses à des *étudiants brillants venant du public*. » Quant à ceux qui ne sont ni *assez brillants* ni *assez pauvres*, leur sort est assez clair. De l'autre côté de la Manche, comme pour confirmer que « le monde n'est qu'une branloire pérenne, toutes choses y branlent sans cesse », le *think-tank* entrepreneurial et branleur français qu'est l'Institut Montaigne propose d'importer le modèle britannique en France.

---

10. Élisabeth Blanchet, « Londres : la première université privée ouvrira en 2012 », *EducPros.fr*, 10 juin 2011, www.educpros.fr/detail-article/h/bf38bbb6b6/a/londres-la-premiere-universite-privee-ouvrira-en-2012.html

On ne nous propose rien d'autre que des universités divisées entre les programmes chics et ceux de seconde zone. Pas d'argent ? Il suffit d'attendre les soldes :

> « La grande braderie des universités anglaises est ouverte ! Profitez de notre offre spéciale dernière minute, moins 50 % sur le master de droit international à Liverpool ! » La fiction pourrait bientôt devenir réalité en Angleterre. Le gouvernement de David Cameron semble en effet s'être inspiré des campagnes de voyagistes *low cost* pour répondre à la crise qui secoue le milieu étudiant. Parmi les propositions, celle pour les filières en manque d'élèves de baisser leurs frais d'inscriptions à la dernière minute pour remplir leurs bancs[11].

Ceux qui ont de l'argent n'ont qu'à allonger un peu de fric pour contourner la sélection. Quant aux autres, pour les séduire, les universités donnent des cadeaux ou bâtissent des complexes à la Club Med et vantent « l'expérience étudiante » qu'ils offrent : *les partys, les équipes de sport et quantité de choses qui n'ont rien à voir avec la qualité d'enseignement.* On voit déjà la foire que deviendrait le marché universitaire advenant une dérégulation des droits de scolarité, de même que les inégalités qui en découleraient. Il faut bien le dire, c'est carrément vulgaire.

En somme, loin de subventionner les enfants de riches, le maintien de droits de scolarité bas et uniformes, voire mieux, la gratuité scolaire, permet de faire en sorte que ni l'origine sociale ni la capacité de payer des étudiants n'aient d'incidence sur leur choix d'un domaine d'études, seul compte l'intérêt suscité par

---

11. Cerise Sudry-Le Dû, « Les universités anglaises bientôt en solde », *lesinrocks.com*, 17 mai 2011, www.lesinrocks.com/actualite/actu-article/t/65119/date/2011-05-17/article/braderie-universites-angleterre

celui-ci. C'est peut-être moins glamour que de décrocher le diplôme de médecine le plus cher d'Angleterre, mais il y a au moins un avantage : on a pas besoin d'attendre les ventes de feu, de recourir à des passe-droits pour les nantis ou faire la file dans des *junkets* universitaires, tout le monde a accès à l'école sans égard à sa classe d'origine. Toutefois, pour qu'une telle chose soit possible, il faut que subsiste l'impôt progressif axé sur la redistribution de la richesse. Or, on sait que pour l'élite, la meilleure façon de produire de la richesse, c'est d'arrêter de la redistribuer et, si possible, d'inverser la vapeur et faire en sorte que ce soient maintenant les frais de scolarité que payent les classes moyennes qui financent la nouvelle université de recherche « de pointe » à accès privilégié pour les rejetons de l'*overclass* financière.

Mythe 5

Il est juste d'augmenter les frais de scolarité parce qu'en investissant davantage dans leur « capital humain », les étudiants vont obtenir un meilleur salaire une fois sur le marché du travail.

Un des principaux arguments invoqués par les défenseurs de la hausse des droits de scolarité est qu'il est normal que les étudiants investissent davantage dans leur éducation car leur diplôme d'études universitaires leur permettra d'obtenir un meilleur salaire lorsqu'ils seront sur le marché du travail. C'est ce que soutient notamment le ministre des Finances, Raymond Bachand : « J'ai de la difficulté à comprendre que quelqu'un qui va faire des *centaines de milliers de dollars* de plus avec son diplôme universitaire que s'il était diplômé du secondaire n'accepte pas d'investir un peu pour son éducation[1]. » Raymond Bachand reprend ici mot pour mot l'argumentation

---

1. Lia Lévesque, « Bachand défend ses hausses de droits de scolarité ; les étudiants manifestent », *cyberpresse.ca,* 18 mars 2011, www.cyberpresse.ca/le-soleil/actualites/politique/201103/18/01-4380853-bachand-defend-ses-hausses-de-droits-de-scolarite-les-etudiants-manifestent.php

développée par Germain Belzile, chercheur au «très scientifique» Institut économique de Montréal (IEDM), qui affirme:
«Une autre question à considérer quand on parle d'enseignement supérieur est celle du rendement. Les diplômés universitaires ont généralement, à la fin de leurs études, des revenus
bien plus élevés que la moyenne, ce qui compense largement les
coûts plus élevés encourus à court terme. L'éducation est un
investissement en capital humain, investissement de surcroît
très rentable[2].»

MANIPULATION STATISTIQUE

D'emblée, cet argument est douteux parce qu'il repose sur
de grossières généralisations. S'il est incontestable que les
étudiants possédant un diplôme universitaire obtiennent *en
moyenne* un salaire plus élevé que les diplômés du secondaire,
il n'en demeure pas moins que cette statistique est fondée sur
un ensemble d'abstractions qui masque ses fondements idéologiques. En clair, la moyenne peut dissimuler des inégalités
de revenus si, pour l'évaluer, on tient compte des revenus très
élevés du sommet de l'échelle salariale. Par exemple, si Scott
Gomez se trouve en compagnie de dix chômeurs dans une
même pièce, le revenu moyen des personnes réunies frisera le
million de dollars. De fait, les études du ministère de l'Éducation
sur la question de la «valeur des diplômes» démontrent que
le total des revenus cumulés au cours de la vie d'un homme

---

2. Germain Belzile, «La hausse des droits de scolarité réduirait-elle l'accessibilité aux études universitaires?», *Note économique*, Institut économique
de Montréal, juin 2010, p. 3.

« qui possède un baccalauréat est de 2,2 M$ et cela représente un montant supérieur de près de 900 000 $ au total calculé pour le diplômé du secondaire (pour une femme, l'accroissement de revenu correspondant est de près de 600 000 $)[3] ». Une moyenne de revenus élevés peut ainsi cacher des disparités déconcertantes[4].

Si cet argument est repris en chœur par les principaux manufacturiers de l'opinion médiatique, certaines voix discordantes ont su voir la généralisation abusive. Selon la chroniqueuse de *La Presse*, Michèle Ouimet : « Les étudiants ne sont pas des "enfants gâtés" qui vont tous un jour rouler sur l'or. Les médecins, les dentistes, les pharmaciens, oui. Mais les philosophes, les musiciens et les spécialistes en littérature médiévale ? Ils ne gagneront pas des fortunes[5]. »

---

3. Ministère de l'Éducation, du Loisir et du Sport, « L'éducation… oui c'est payant », *Bulletin statistique de l'éducation*, n° 16, juin 2000, p. 2.

4. Les inégalités entre les revenus familiaux après impôts se sont approfondies entre 1989 et 2004 : « Le revenu moyen des 10 % percevant les plus faibles revenus a diminué de 8 %, mais celui des personnes percevant le revenu médian a augmenté de 8 % et celui des 10 % percevant les plus hauts revenus, de 24 %. » Voir Andrew Heisz, *Inégalité et redistribution du revenu au Canada : 1976 à 2004*, Statistique Canada, 11 mai 2007 (www.statcan.ca/francais/resear ch/11F0019MIF/11F0019MIF2007298.htm). Un des inconvénients de ce type d'étude réside dans le fait que les données utilisées par Statistique Canada ne permettent de mesurer que les revenus par décile (tranche de 10 %). Cette méthode masque les concentrations de richesse les plus extrêmes, ceux qui font partie du 1 %, voire du 0,1 %, supérieur des salariés et pour qui les revenus ont littéralement explosé en 30 ans.

5. Michèle Ouimet, « Le gouvernement est tombé sur la tête », *cyberpresse.ca*, 18 mars 2011, www.cyberpresse.ca/chroniqueurs/michele-ouimet/201103/18/01-4380562-le-gouvernement-est-tombe-sur-la-tete.php

Ceci est d'autant plus vrai qu'une étude récente de l'Institut de la statistique du Québec démontre que «le diplôme universitaire est le seul niveau d'étude pour lequel la rémunération horaire a diminué l'an dernier[6]». M. Bachand devrait vérifier ses chiffres avant d'accuser les étudiants d'être des enfants gâtés, puisque «les travailleurs dont le sort s'est le plus amélioré l'an dernier sont ceux qui ont passé le moins de temps sur les bancs d'école: ceux qui n'ont même pas un diplôme d'études secondaires ont vu leur rémunération s'améliorer de 2,3 % entre 2009 et 2010[7]». De fait, le diplôme universitaire «est le niveau d'étude pour lequel la rému- nération horaire a le moins progressé depuis dix ans: moins de 24 % entre 2000 et 2010, alors que l'ensemble des travailleurs ont bénéficié d'une augmentation moyenne de 31 %[8]».

D'un point de vue scientifique, il faudrait rappeler à l'élite outremontoise les règles élémentaires de l'arithmétique et des statistiques.

Les exclus de la «donnée objective» du ministre Bachand, c'est-à-dire les futurs diplômés précarisés et endettés, ou ceux qui n'auront tout simplement pas obtenu un emploi payant, devront-ils dorénavant se considérer comme des détenteurs d'un capital humain n'ayant pas produit un bon «retour sur leur investissement[9]»?

---

6. Ariane Krol, «Diplôme universitaire: moins payant qu'avant», *cyberpresse.ca*, 16 juin 2011, http://blogues.cyberpresse.ca/edito/2011/06/16/ diplome-universitaire-moins-payant-quavant/? utm_categorieinterne=traffi cdrivers&utm_contenuinterne=cyberpresse_bloguesaccueilcp_BO3_accueil_ ECRAN1POS9

7. *Ibid.*

8. *Ibid.*

9. Un sondage effectué aux États-Unis par le Pew Research Center montre que «la majorité des Américains croit que l'éducation universitaire n'est pas

LE CAPITAL HUMAIN : UNE IDÉOLOGIE

Est-il nécessaire de rappeler que c'est Staline qui a été le premier à parler de « capital humain » en déclarant que : « L'homme [est] le capital le plus précieux » ? On reconnaît bien là l'avant-gardisme proverbial de l'URSS ! Il faudra en effet attendre plusieurs décennies pour que les sociétés capitalistes adoptent ce concept. Ce retard historique sera comblé par Gary Becker, l'économiste ultralibéral de l'École de Chicago.

L'idéologie contemporaine du capital humain repose sur une conception de l'individu et de la société qui résume l'ensemble des interactions sociales à un calcul coût-bénéfice. L'individu s'y trouve relégué au statut d'entrepreneur, responsable de lui-même et de lui seul, et doit gérer sa vie comme s'il était une entreprise. Dans cette optique, l'ensemble des comportements humains, qu'ils soient économiques ou non, peuvent s'expliquer en fonction d'un rapport marchand. Il est par exemple possible, selon cette théorie, d'expliquer de manière « très scientifique » la décision d'un criminel d'enfreindre la loi en calculant le rendement que lui procure son crime par rapport à la peine qu'il encourt[10].

---

un bon investissement. Parmi les 2 142 répondants, 57 % croient que les coûts liés à l'obtention d'un diplôme ne valent pas les revenus supplémentaires qu'on peut espérer en tirer ». Selon ce sondage, cette attitude découle en partie du fait que les frais de scolarité ont triplé aux États-Unis depuis les années 1980. Voir « Université : pas un bon investissement ? », *lesaffaires.com*, 16 mai 2011, www.lesaffaires.com/bourse/nouvelles-economiques/universite-pas-un-bon-investissement-/530805

10. Gary Becker, « Crime and Punishment : An Economic Approach », *The Journal of Political Economy*, vol. 76, 1968, p. 169-217.

Même l'amour, pourtant réputé pour ignorer la loi, serait soumis à cette règle du capital humain. En effet, l'ultralibéral IEDM a récemment publié une étude portant sur le site de rencontres *Réseau Contact*. L'auteur, Mathieu Laberge, y établit une analogie entre le fonctionnement de ce site et la rationalité économique : « Si les sites de rencontres sont effectivement des marchés, le comportement de leurs usagers devrait être influencé par les déterminants économiques habituels : prix, quantité, coût de renonciation, etc.[11] » Les sites de rencontres constituent ainsi un « marché de relations amoureuses » qui permet à leurs abonnés de réduire les coûts de la séduction en termes de temps investi dans une relation. Dans ce « marché de l'amour », les différents vendeurs envoient des signaux conçus comme des informations que les acheteurs jugent crédibles ou non. Chacun se voit attribuer une valeur économique, fonction de sa rareté en tant que produit. Les femmes entre 18 et 35 ans, par exemple, sont des denrées rares... L'étude ne précise pas si la consommation dudit produit est assujettie à des contrats de performance.

Comment prendre au sérieux des arguments fondés sur des postulats aussi farfelus ? N'est-il pas absurde de prétendre que les étudiants doivent intérioriser les règles « objectives » du marché et se transformer en entrepreneurs d'eux-mêmes, sous peine d'être exclus socialement ? Ce discours de la liberté de choix, cette réduction de l'humanité aux fonctions d'une calculatrice, n'est-ce pas une forme de dérèglement de l'esprit ? N'est-ce pas d'une violence

---

11. Mathieu Laberge, « Existe-t-il un marché pour les relations amoureuses ? », *Notes économiques*, hors série, *iedm.org*, février 2008, www.iedm. org/files/fev08_fr.pdf

symbolique extrême pour tous ceux qui n'ont pas renoncé à agir dans les saines limites de la raison?

Le philosophe Henri Lefebvre le pensait, lui qui croyait qu'une telle conception de l'humanité aurait tôt fait de transformer l'humain en cybernanthrope: «Le cybernanthrope n'investit qu'à coup sûr. Selon ses supputations. Les énergies limitées dont il dispose, il en calcule l'application. Le principe d'économie lui apprend à traiter économiquement sa vie affective, cette résurgence, cette faiblesse... Pas de gaspillage. Il se gère avec une rationalité technicienne qui découle d'une double origine: la science physique, la science de l'entreprise. *C'est une parodie d'autogestion*[12].» L'individu gère ses énergies pour obtenir le maximum en retour, sous forme d'un accroissement de sa «puissance d'exister», fût-ce au détriment des autres et sans égard au *sens* de cette existence, sa seule finalité étant de disposer de plus que les autres et de les devancer dans un contexte de concurrence généralisée.

C'est ce même principe darwinien que l'on veut appliquer au système d'éducation québécois. Or, le modèle du capital humain n'a absolument rien de scientifique. Il ne faut pas hésiter à le dénoncer pour ce qu'il est: UNE FIXATION IDÉOLOGIQUE. Celle-ci repose sur une forme de fétichisme du savoir, c'est-à-dire qu'elle considère la connaissance comme une marchandise dont on peut évaluer le prix en fonction de la «loi» de l'offre et de la demande.

---

12. Henri Lefebvre, *Position contre les technocrates*, Paris, Éditions Gonthier, 1967.

LE SAVOIR N'EST PAS UNE MARCHANDISE

Or, le savoir n'est pas une marchandise, puisqu'il possède tous les attributs d'un bien public dont les caractéristiques sont la non-rivalité et la non-exclusivité. Si le savoir est un bien non rival et non exclusif, c'est que, contrairement à tout autre bien matériel, son utilisation par une personne n'empêche en rien son utilisation par une autre. Par exemple, un marteau ne peut être utilisé simultanément par deux personnes. Il s'agit donc d'un bien exclusif. La connaissance des tables de multiplication par un étudiant, en revanche, n'empêche pas un camarade de classe d'y avoir recours en même temps. Il s'agit d'un bien non exclusif. Pour que le savoir ait un prix, il faut le raréfier artificiellement, notamment en appliquant la notion de propriété intellectuelle, ou encore en limiter l'accès, par exemple en augmentant les droits de scolarité. En d'autres termes, le savoir possède une « valeur d'usage », mais aucune « valeur d'échange ».

Le savoir est également un bien dit « cumulatif », puisque la production de nouveaux savoirs repose largement sur ceux qui ont été constitués historiquement et qui relèvent conséquemment du domaine public. Chaque nouvelle idée ne peut exister qu'en prenant appui sur des connaissances antérieures. Or, l'appropriation privée du savoir sape les conditions de sa propre reproduction. En effet, en s'appropriant le savoir, une personne ou une entreprise empêche les autres de bénéficier des connaissances scientifiques historiquement accumulées. C'est ce qui se produit, par exemple, lorsque des équipes de recherche pratiquent le secret industriel plutôt que d'échanger leurs résultats (principe de l'*open science*). Le coût de reproduction du savoir offre l'avantage d'être pratiquement nul. En effet, une fois une innovation développée, elle peut être reproduite à faible coût. Suite à la découverte d'un médicament, par exemple, celui-ci peut être reproduit en série à peu de frais. Par contre, si un brevet est déposé et que des droits sont exigés pour son utilisation, l'accès au savoir se trouve entravé. Le savoir est donc par nature un «bien» public, et sa logique de fonctionnement est contraire et incompatible avec le principe de l'économie de marché.

DÉSOLIDARISATION SOCIALE

L'idéologie du capital humain possède néanmoins une portée symbolique non négligeable, en ce qu'elle dégage l'éducation de tout ancrage dans la société pour la retraduire de manière instrumentale en résultat d'un calcul rationnel. Dans la mesure où les rapports sociaux sont éliminés pour ne laisser voir que des rapports entre des choses, le savoir est instrumentalisé comme s'il s'agissait d'une marchandise. Il suffirait donc de payer pour s'approprier une partie du bien commun. Le discours sur l'augmentation des frais de scolarité participe de cette logique de privatisation du commun et de désolidarisation promue par une élite qui prétend ne rien devoir au reste de la société. Comme le souligne la brochure de l'IRIS: «Les mieux nantis tentent effectivement depuis des décennies de se désolidariser de la société et de réduire le plus possible leur participation à l'impôt. La hausse effrénée des droits de scolarité s'inscrit dans cette logique: chacun pour soi, indifférent au sort des autres, sans égard aux inégalités de revenus[13].»

---

13. Eric Martin et Simon Tremblay-Pepin, *op. cit.*, p. 18.

C'est justement cette volonté des élites de se désolidariser du reste de la société que défendent Robert Lacroix, Claude Montmarquette, Alain Caillé – professeurs émérites à l'Université de Montréal –, dans leur réponse à certains de leurs collègues qui s'opposent à la hausse des frais de scolarité[14] :

> Terminons avec les solutions de nos collègues, qui proposent de faire contribuer davantage les autres (entreprises, redevances sur les mines, hausser les impôts des riches…) que les étudiants pour mieux financer les universités qui les forment. Ces mêmes solutions sont préconisées par d'autres pour réduire la pauvreté, hausser les pensions des travailleurs, réduire le déficit et la dette. C'est la logique du « pas dans mes poches, mais dans celles des autres ». Il est tout de même curieux de constater que le premier bénéficiaire de l'éducation serait le dernier sollicité… Il est également aussi curieux que privément nous ne puissions jamais nous payer les services que l'on veut, mais que collectivement, nous sommes en mesure de le faire. *Étrange calcul en effet selon lequel la somme est supérieure à ses parties*[15].

Selon les auteurs, il n'y a aucune raison pour que les étudiants ne payent pas individuellement ce que la société paye collectivement. C'est faire fi des mécanismes de redistribution de la richesse qui ont pour objectif de neutraliser au moins partiellement les inégalités sociales, et surtout, du fait que l'éducation n'est pas un instrument individuel mais une institution

---

14. Louis Dumont, Guy Rocher et Michel Seymour, « Droits de scolarité – Le modèle québécois n'a rien d'une anomalie », *ledevoir.com*, 17 janvier 2011, www.ledevoir.com/societe/education/314816/droits-de-scolarite-le-modele-quebecois-n-a-rien-d-une-anomalie

15. Robert Lacroix, Claude Montmarquette et Alain Caillé, « Droits de scolarité : des arguments faibles », *ledevoir.com*, 21 janvier 2011, www.ledevoir.com/societe/education/315111/libre-opinion-droits-de-scolarite-des-arguments-faibles

collective qui est censée être au service de la transmission d'un patrimoine commun. On voit bien qu'il s'agit ici surtout d'un argument idéologique fondé sur l'idée qu'il n'existe pas de société et seulement des individus qui doivent de surcroît s'enrôler dans une guerre économique, une lutte de tous contre tous, pour assurer leur survie. Cette rhétorique vise à inverser la conception historique de l'éducation : on ne considère plus que la formation des individus relève de la responsabilité de la société, mais qu'il s'agit plutôt d'un investissement individuel au service exclusif de l'accumulation de richesse personnelle et de la croissance économique des entreprises. Comme nous le verrons plus loin, si l'économie du savoir vise la privatisation des profits et la socialisation des coûts, elle correspond également à un transfert des risques sociaux vers les individus.

En résumé, l'argument selon lequel l'éducation est un investissement en capital humain est une idéologie qui renvoie à une conception individualiste et utilitariste de l'éducation. Cette idéologie ne correspond pas à la réalité et sert à légitimer les intérêts d'une élite qui cherche à se désolidariser du reste de la société. Non seulement le postulat d'une société atomisée où chacun n'existe qu'en tant qu'individu isolé – une dissociété[16] ou société de marché – est-il scientifiquement faux, puisqu'il fait abstraction du processus historique de socialisation de l'individu qui a besoin de la société pour s'individualiser, mais celui-ci conduit également à détruire les fondements institutionnels qui rendent possible la liberté individuelle. Bref, les chantres de la liberté de l'individu se font plutôt les promoteurs d'une nouvelle tyrannie : celle du marché.

---

16. Jacques Généreux, *La dissociété*, Paris, Éditions du Seuil, 2006.

Des emplois intéressants?

S'il est facile de réfuter l'argument selon lequel l'éducation consisterait en un investissement en capital humain, rentable pour tous, il convient également d'examiner de plus près un autre présupposé qui le sous-tend. Les défenseurs de la hausse des frais de scolarité soutiennent aussi que, dans le contexte d'une économie du savoir, l'être rationnel devrait investir son capital humain dans des domaines qui requièrent une main-d'œuvre hautement qualifiée. Il serait essentiel pour le développement économique que les universités produisent des étudiants hautement qualifiés qui pourront, dit-on, occuper de bons emplois, stimulants et bien rémunérés. Si la plupart des intervenants du débat reconnaissent que les étudiants qui se dirigent vers les domaines moins en demande seront moins bien rémunérés que ceux qui visent des secteurs de pointe (ex. les étudiants de philosophie vs les étudiants en droit ou en médecine), plusieurs voient là une raison de moduler les frais de scolarité, c'est-à-dire de les faire varier selon les domaines d'études. Par exemple, on exigerait des frais de scolarité beaucoup plus élevés pour étudier en médecine, en droit ou en dentisterie, puisque ces métiers sont jugés plus « rentables », c'est-à-dire qu'ils offriraient de plus hauts salaires.

Mais, posons-nous la question: est-il vrai que les domaines d'études de pointe comme la biotechnologie, l'informatique, le droit ou la médecine sont plus « rentables » ? Encore une fois, il faut faire attention de ne pas succomber aux généralisations abusives qui masquent souvent des présupposés idéologiques. Comme le soutient François Blais, professeur de science politique à l'Université Laval: « Il n'est pas vrai que tous les médecins et les avocats seront riches un jour. Il existe encore aujourd'hui parmi ces professionnels des individus qui ont d'autres valeurs que l'enrichissement personnel et qui choisiront, par exemple, d'être avocat pour une organisation sans but lucratif, de travailler pour le contentieux d'un ministère ou encore d'être un médecin rattaché à un programme de santé publique. Il est hasardeux de préjuger à l'avance des revenus futurs des diplômés[17].»

Surqualification et précarisation du travail

La croyance selon laquelle, pour survivre dans une économie du savoir, il serait essentiel de produire une plus grande quantité de diplômés hautement qualifiés – qui pourront exercer des emplois stimulants et très payants – est tellement ancrée dans l'imaginaire collectif que très peu d'études ont été menées pour savoir si cet énoncé correspondait à la réalité. Or, le peu d'études qui s'y sont penchées remettent sérieusement en question ce postulat des laudateurs de l'économie du savoir.

Une récente étude effectuée par des chercheurs de l'INRS montre que près du tiers de tous les travailleurs québécois sont surdiplômés par rapport à l'emploi qu'ils occupent. Parmi les diplômés du cégep et de l'université, ce taux grimpe à plus de 40 % [18]. Ce phénomène serait en croissance depuis une dizaine d'années, «la proportion de travailleurs surdiplômés se chiffrant plutôt à 25 % en 2001[19]». Cette situation s'explique par

---

17. François Blais, *op. cit.*

18. Le Soleil, « Trop de travailleurs québécois surqualifiés », *cyberpresse.ca*, 24 janvier 2011, www.cyberpresse.ca/le-soleil/actualites/education/201101/23/01-4362958-trop-de-travailleurs-quebecois-surqualifies.php

19. *Ibid.*

l'augmentation croissante du nombre de diplômés depuis une trentaine d'années et par l'incapacité du marché de travail à les absorber.

Selon Mircea Vultur, chercheur à l'INRS, la surqualification entraîne également une dévalorisation des diplômes: «Davantage de gens ont la même formation, alors on va privilégier davantage l'expérience[20].» On voit donc que le discours selon lequel, dans une économie du savoir, il faut former des diplômés hautement qualifiés est une idéologie. Selon M. Vultur: «C'est un discours à la mode qui n'a aucun support dans la réalité. Le discours sur la société du savoir doit être traité avec beaucoup de prudence. Le niveau de formation d'une population ne garantit pas nécessairement une croissance économique forte. L'Allemagne a le taux de diplômés le plus faible de l'Union européenne, et pourtant son économie est la plus forte[21].»

Une étude effectuée par un groupe de sociologues de l'Université de Montréal, intitulée *La technique et la science comme idéologie?*[22] confirme les propos du chercheur de l'INRS. Celle-ci analyse l'écart entre la réalité du travail des diplômés des secteurs de l'informatique et de la biotechnologie et le discours des dirigeants de l'enseignement collégial et universitaire qui prétend que «la société du savoir génère des emplois hautement qualifiés fondés sur les développements incessants de la

---

20. *Ibid.*

21. *Ibid.*

22. Caroline Dawson, Jacques Hamel et Maxime Marcoux-Moisan, «La "technique et la science comme idéologie"? Le discours des dirigeants de l'enseignement collégial et universitaire au regard de l'insertion de la génération numérique», *Éducation et sociétés*, 2007, vol. 1, n° 19, p. 161-176.

science et de la technique propres à leur donner les couleurs de la flexibilité, de l'innovation et de la mobilisation des connaissances conçues positivement[23] ».

Les résultats de cette recherche remettent en question un des principaux arguments brandis par les défenseurs de l'augmentation des droits de scolarité, qui veut que ceux qui étudient dans les domaines de pointe obtiennent nécessairement des emplois stimulants, de bonnes conditions de travail et des salaires élevés. L'étude conclut que :

> Le programme auquel se sont pliés les informaticiens semble décalé à bien des égards par rapport aux besoins des entreprises. La théorie acquise dans ce cadre est rarement mobilisée en emploi, surtout axée sur la résolution de problèmes pratiques. Les emplois se conforment rarement à l'ensemble des connaissances et des compétences acquises. Les tâches qui leur sont dévolues en entreprise sont à ce point de nature technique que nos informaticiens ne voient pas l'utilité d'une formation universitaire pour les exécuter. Les entreprises se font toutefois exigeantes au moment du recrutement en demandant au candidat de présenter son diplôme de baccalauréat, mais en restant assez indifférentes face à la formation que ce document certifie[24].

Même constat du côté du secteur du multimédia où la féroce compétition a pour effet de précariser le travail.

> En multimédia, à l'heure de l'effervescence des nouvelles technologies, la création des logiciels et des sites web apparaissait comme une mine d'or aux yeux des jeunes étudiants. Cette image s'est vite révélée un mirage puisque les nouveaux venus peinent aujourd'hui à trouver un emploi et doivent se résoudre à des

---

23. *Ibid.*, p. 174.
24. *Ibid.*, p. 170.

contrats de travail obtenus au terme d'une vive compétition. Le
régime des vaches maigres se profile toujours à l'horizon, contrairement à l'idée qu'ils se faisaient de l'avenir dans ce domaine[25].

On pourrait croire que l'avenir est plus rose du côté de secteurs de pointe comme celui de la biotechnologie, étant donné
que le gouvernement du Québec se vante d'être un chef de file
international dans le domaine de l'industrie pharmaceutique.
Or, pour les diplômés en sciences appliquées, la réalité du travail relève davantage de la prolétarisation que du travail créatif
en recherche qu'on leur a fait miroiter dans les amphithéâtres.
« La théorie dont se réclament les biochimistes et microbiolo-
gistes à titre d'universitaires brille par son absence dans l'emploi. En effet, les tâches qui leur incombent en laboratoire se
résument à des opérations techniques répétitives qui rendent
caduques les connaissances acquises sur les bancs de l'université au point où, en emploi, ils ont l'impression d'être relégués
au rang de techniciens[26]. » La réalité du travail ne correspond
donc pas aux beaux discours des thuriféraires de l'économie du
savoir.

La fonction « pédagogique » du surendettement étudiant

L'avenir professionnel de la plupart des étudiants pointe
vraisemblablement vers la précarité, et ce, peu importe le
choix de carrière qu'ils ont envisagé. Suite à la plus récente

---

25. *Ibid.*, p. 173.
26. *Ibid.*, p. 170.

crise économique, l'OCDE a prévenu que « la crise de l'emploi [pourrait] précipiter de plus en plus de jeunes, même ceux qui s'en tirent très bien dans les années de croissance économique, dans le groupe à risque de devenir une génération sacrifiée[27] ». La ruée vers l'or des emplois hautement qualifiés a plutôt des allures de mirage précaire. Dans un tel contexte, quelles répercussions l'augmentation des frais de scolarité risque-t-elle d'avoir sur le choix de carrière des étudiants ?

De fait, les défenseurs de la hausse des frais de scolarité ne tiennent généralement pas compte de l'impact de l'endettement sur le choix de carrière des étudiants. En prenant l'exemple du faramineux taux d'endettement des étudiants américains, Jeffrey J. Williams soutient que le surendettement étudiant ne consiste pas seulement en une privatisation du mode de financement de l'éducation. Celui-ci possède également une fonction pédagogique : on doit considérer l'endettement comme une nouvelle « technique d'apprentissage », c'est-à-dire de dressage. L'essayiste américain affirme que l'endettement « éduque le choix de carrière ». Il étaye son argumentation en soulignant que « l'entrée massive d'étudiants dans les départements de gestion – une cohorte qui a triplé depuis les années 1950, pour constituer plus du quart des inscriptions aujourd'hui – n'est pas due au fait que les étudiants ne se préoccupent plus de poésie ou de philosophie : ils ont plutôt appris la leçon que le monde leur donne et

---

27. Éric Desrosiers, « Chômage : l'OCDE craint de voir une génération être sacrifiée », *ledevoir.com*, 15 avril 2010, www.ledevoir.com/economie/emploi/286981/chomage-l-ocde-craint-de-voir-une-generation-etre-sacrifiee

choisissent en fonction de ces contraintes[28] ». Dans un monde où l'endettement attend les étudiants au tournant, il n'y a pas d'autre choix que de se tourner vers les emplois *présentés* comme étant lucratifs, de crainte de ne pas pouvoir rembourser ses créances si l'on suit ses véritables préférences. Nombre de jeunes sont ainsi détournés de ce qui aurait été leur premier choix ou leur vocation. Tout ça pour des chimères.

Pour sa part, le célèbre linguiste et activiste américain Noam Chomsky résume ainsi le rôle « pédagogique » de l'endettement étudiant :

> Il s'agit là d'une technique servant à piéger les gens. Si, pour aller à l'université, vous devez contracter une dette importante, vous serez docile. Vous êtes peut-être allé à l'université avec l'intention de devenir avocat pour défendre des causes d'intérêt public : mais si vous sortez de là avec une dette de 100 000 $, vous devrez aller [travailler] dans un bureau d'avocats pratiquant le droit des affaires. Et si vous dites : « Je vais y aller le temps de rembourser ma dette et ensuite je serai un avocat qui défend des causes d'intérêt public », ils sont assez brillants pour savoir qu'une fois que vous êtes piégé au sein de l'institution, vous assimilez les valeurs et intériorisez bien d'autres choses encore : et vous devenez un avocat qui pratique le droit des affaires[29].

Dans le contexte d'une financiarisation généralisée de l'économie, chercherait-on à former des « ignorants fonctionnels[30] »,

---

28. Jeffrey J. Williams, « Debt Education : Bad for the Young, Bad for America », *Dissent*, vol. 53, n° 3 (été 2006), p. 56-58, www.dissentmagazine.org/article/ ? article=657

29. Noam Chomsky, cité par Normand Baillargeon, « Chomsky : misère et grandeur de l'Université », *À Bâbord !*, été 2011, p. 13.

30. Gil Courtemanche, « La résignation », *ledevoircom*, 27 novembre 2010, www.ledevoir.com/politique/quebec/311872/la-resignation

pour reprendre l'expression de Gil Courtemanche, ou en encore de « bipèdes pensants » selon la formule d'Omar Aktouf ? Selon ce dernier, en Amérique du Nord, nous sommes en voie de transformer l'institution d'éducation en institution de reproduction de serviteurs du système, de « bipèdes pensants qui n'ont pas d'autres soucis que de maintenir ce [pseudo-] marché libre et autorégulé et de maintenir cette mécanique de production et de multiplication de l'argent. C'est ce qu'on appelle l'employabilité, c'est ce qu'on appelle former des employables, c'est ce qu'on appelle réformer l'éducation depuis le primaire jusqu'à l'universitaire, pour former des gens qui trouvent leur place sur le marché du travail[31] ».

Or, le problème avec l'employabilité, c'est justement que si les emplois disponibles sur le marché du travail sont utiles à la valorisation du capital, c'est-à-dire à la multiplication de l'argent pour l'argent, ces emplois ne sont pas nécessairement utiles socialement, et peuvent même s'avérer nocifs. Selon Yvan Allaire, président de l'Institut sur la gouvernance d'organisations privées et publiques (IGOPP) à HEC Montréal – qui est loin d'être un universitaire néomarxiste –, la survalorisation de la finance dans les écoles de gestion peut expliquer en partie la dernière crise économique.

> La finance y a pris trop de place. Aux États-Unis – et c'est probablement semblable au Canada –, 22 % des étudiants qui entrent au MBA prévoient se diriger vers la finance, mais en fin de compte, 45 % obtiennent un diplôme dans ce domaine. Ils ont appris pendant leurs études que la finance, c'est là où ça se passe. Du coup, on se retrouve avec peu de diplômés dans des spécialités liées à la

---

31. Omar Aktouf, cité par Richard Brouillette, *L'encerclement – La démocratie dans les rets du néolibéralisme*, documentaire, 2008, 160 min.

fabrication ou aux ressources humaines, la substance même de l'entreprise. Il faut aussi enseigner aux étudiants à valoriser des modèles d'entreprises autres que celles cotées en Bourse. Je pense notamment à la coopérative[32].

Ce n'est donc pas uniquement l'accessibilité à l'université que réduira la hausse des frais de scolarité. C'est aussi l'accès à la connaissance, voire l'intérêt pour la liberté de l'esprit, qu'elle restreindra à coup sûr.

---

32. Yvan Allaire, cité par Dominique Forget, « Discipliner le capitalisme », *Joboom*, vol. 10, n° 9, automne 2009, p. 3.

Mythe 6

Le bas prix des études universitaires diminue la valeur des diplômes.

Autrefois, ce qui avait de la valeur n'avait pas de prix ;
aujourd'hui, ce qui n'a pas de prix n'a pas de valeur.

Edgar Morin, *La voie. Pour l'avenir de l'humanité*

L E sociologue Edgar Morin, résume admirablement le fondement de l'un des principaux arguments invoqués par les défenseurs de la hausse des droits de scolarité : le prix d'une chose est désormais l'étalon de mesure de sa valeur. Cet argument, défendu encore une fois par Germain Belzile, de l'iedm, se décline ainsi : « Ne pas permettre l'augmentation des droits de scolarité universitaires compromet de façon importante la qualité de l'éducation supérieure au Québec, sans pour autant profiter aux étudiants les moins bien nantis. En fin de compte, qu'importe si tout le monde peut fréquenter l'université pour obtenir un diplôme qui n'a pas de valeur[1] ? » En clair, l'argument est que « les universités devraient avoir le choix de facturer ou non des droits plus élevés selon le mandat et la mission

---

1. Germain Belzile, *op cit.*, p.4.

qu'elles se fixent[2] ». C'est-à-dire qu'en augmentant la concurrence entre les universités et en adaptant les droits de scolarité aux mécanismes du marché, on améliorerait substantiellement la qualité de l'éducation.

Cette logique, l'Université McGill l'a embrassée dans sa volonté d'offrir un programme de MBA privé au coût de 30 000 $, montant qui, dit-on, permettra d'offrir une formation compétitive sur le marché international. McGill aurait également « sérieusement flirté avec l'idée de privatiser sa faculté de droit, et aussi de créer un McGill College International entièrement privé[3] ». Si l'on doute intuitivement du bien-fondé de cette logique mimétique voulant que la qualité d'un MBA – ou de n'importe quel diplôme – se mesure à son prix sur le marché universitaire international, il est tout de même nécessaire de confronter cette croyance à la réalité afin de montrer qu'elle ne tient pas la route. Pour ce faire, il convient de regarder du côté américain, puisque c'est principalement ce modèle que l'on cherche à appliquer au système universitaire québécois.

L'AUGMENTATION DES FRAIS N'AMÉLIORE PAS LA QUALITÉ DES DIPLÔMES

S'il est généralement reconnu que ce sont les universités américaines qui figurent au sommet du classement mondial

---

2. *Ibid.*

3. Marie-Andrée Chouinard, « MBA de McGill : l'incohérence », *ledevoir.com*, 3 mai 2010, www.ledevoir.com/societe/education/288200/mba-de-mcgill-l-incoherence

des universités (QS World University Ranking), les apparences s'avèrent toutefois trompeuses quand on scrute plus en détail les critères de ces classements. Dans un article du *London Review of Books*, Howard Hotson, fellow au Sainte Anne's College et président de l'International Society for Intellectual History, fait la démonstration, chiffres à l'appui, que toutes proportions gardées – si l'on tient à considérer le critère de la valeur monétaire comme étant le plus important – les universités américaines sont loin de briller parmi les meilleures[4].

En fait, l'expérience américaine a montré que l'intervention des mécanismes de marché dans les résolutions qui déterminent les droits de scolarité a eu l'effet d'augmenter radicalement les frais – qui ont, dans certains cas, quadruplé depuis les années 1980 – sans nécessairement améliorer en retour la qualité de l'éducation. L'explication est somme toute simple : d'une part, la déréglementation des frais de scolarité dans les principales grandes universités privées (celles qui forment la très prestigieuse Ivy League) a eu pour effet de faire augmenter les droits de scolarité dans les plus petites universités, qui ont voulu imiter leurs illustres homologues pour donner l'impression de proposer des diplômes de « qualité ». Or, cette inflation des frais de scolarité induite par les mécanismes de marché n'a pas conduit à une amélioration générale de l'éducation puisque les ressources allouées au maintien d'un bon système universitaire public ont été canalisées vers une minorité d'universités privées.

---

4. Howard Hotson, « Don't Look to the Ivy League », *London Review of Book*, vol. 33, n° 10, 19 mai 2011, p. 20-22.

Cette logique de compétition n'a pas non plus augmenté les ressources allouées à l'enseignement – qui devraient en principe améliorer la qualité de l'éducation –, au contraire, elle a donné libre cours à une logique clientéliste qui détourne une part énorme des ressources dédiées à l'enseignement vers l'amélioration de «l'expérience étudiante». Autrement dit, plutôt que d'utiliser les nouvelles ressources financières pour améliorer l'enseignement, les universités américaines ont dépensé leur argent pour répondre, dans une logique marchande, aux «besoins» de leur clientèle. La clientèle étudiante, formée majoritairement de jeunes adultes entre 18 et 20 ans, va nécessairement privilégier la création d'un environnement propice aux rencontres sociales, des activités socioculturelles stimulantes et de bons équipements sportifs, plutôt que de favoriser la qualité de l'enseignement. Selon Jonathan Cole, doyen de la faculté d'éducation de l'Université Columbia, l'augmentation des coûts de l'éducation supérieure aux États-Unis provient «de la perverse présupposition selon laquelle les étudiants sont des consommateurs, que le consommateur a toujours raison et que ce qu'il demande peut être acheté. L'argent est bien dépensé pour les conseillers psychologiques, mais le nombre de bureaux dédiés aux activités étudiantes, aux équipements sportifs, aux services de placement en emploi et aux services d'alimentation sous-traités, pour ne rien dire des résidences étudiantes auxquelles seul l'hôtel Four Seasons pourrait oser se comparer, mène à une expansion du nombre de gestionnaires et à une augmentation des coûts d'administration[5].»

5. Traduction libre de Jonathan R. Cole, «No Concept of Death», *huffingtonpost.com*, 10 novembre 2010, www.huffingtonpost.com/jonathan-r-cole/no-concept-of-death_b_781542.html

Commercialisation de l'université et clientélisme

En plus de mener au désengagement de l'État dans le dossier de l'éducation et d'augmenter radicalement les coûts administratifs, l'augmentation des frais de scolarité induit une logique clientéliste qui pervertit le sens de l'éducation et qui risque de réduire la qualité de l'enseignement. Comme le soutiennent les professeurs de l'Université de Montréal Louis Dumont, Guy Rocher et Michel Seymour : « Les étudiants veulent un retour immédiat sur leur investissement en forçant une hausse marquée des notes qui leur sont accordées, et les universités se transforment en usines à diplômes[6] ». Comme le constate Hotson, « autrefois la note moyenne aux États-Unis était supposée être un C. De nos jours, plus l'université coûte cher, plus la note moyenne est haute, et peut monter jusqu'à A- dans les universités privées américaines[7] ». Il est évident que, dans un contexte de marchandisation de l'éducation supérieure, si les professeurs ne répondent pas aux attentes de l'étudiant-consommateur en ne lui donnant pas une bonne note en retour de ses frais de scolarités élevés, le degré de « satisfaction étudiante » envers l'université risque de chuter, tout comme corrélativement la volonté des plus riches d'y investir pour obtenir leur diplôme.

Or, il semble que ce « fait objectif » ne satisfasse pas certains économistes « émérites » de l'Université de Montréal, qui soutiennent qu'il est faux de prétendre que « la hausse des droits de scolarité [a] aussi un effet pervers sur le comportement des universités, qui [augmentent] les notes sous la pression des

---

6. Louis Dumont, Guy Rocher et Michel Seymour, *op. cit.*
7. Howard Hotson, *op. cit.*

étudiants payeurs[8].» Les économistes «émérites» défendent l'hypothèse inverse. Selon eux, les étudiants auront tendance à travailler de manière plus assidue parce qu'ils reconnaîtront la valeur de leur diplôme: «Pourrait-on plutôt penser que, compte tenu des coûts plus élevés supportés par les étudiants, ces derniers travaillent davantage pour éviter l'échec et la nécessité de devoir reprendre un cours ou une année d'étude[9]?»

Sur ce point, ceux-ci ont probablement en partie raison: l'augmentation des frais de scolarité conduit à un accroissement du travail des étudiants. Mais ce n'est pas le temps occupé à leurs études qui augmente, c'est le travail salarié, une nuance qu'il est essentiel de saisir. De fait, «en 2003, au Québec, les jeunes de 15 à 24 ans représentaient environ 16 % de la population active, soit 522 000 jeunes travailleurs. On estime qu'ils travaillaient environ 10 % des heures totales travaillées par la population active, tous âges confondus. Le taux d'activité des jeunes travailleurs a augmenté de façon importante au cours des dernières années, passant de 58 % en 1998 à 66 % en 2002. Il rejoint ainsi le taux d'activité de la population active totale (66 % en 2002)[10]». Selon Statistique Canada: «En 2004-2005, les étudiants salariés ont consacré en moyenne 15,3 heures par semaine à leur emploi principal, contre 13 à 14 heures par semaine au cours des années 1980 et 1990[11].» Or, il a été démontré que «le

---

8. Robert Lacroix *et al.*, *op cit.*

9. *Ibid.*

10. Institut de recherche Robert-Sauvé en santé et en sécurité du travail (IRSST), *La situation des jeunes travailleurs occupant un emploi*, www.irsst.qc.ca/statistiques-jeunes-emploi.html

11. Jeannine Usalcas et Geoff Bowlby, «Les étudiants sur le marché du travail», *Questions d'éducation: le point sur l'éducation, l'apprentissage et la*

fait de travailler 20 heures et plus par semaine tout en poursui-vant des études à temps plein peut faire monter le niveau de stress, avoir une incidence sur le rendement scolaire et accroître l'absentéisme et les risques de décrochage[12] ». Plusieurs profes-seurs se plaignent de devoir ajuster leurs critères d'évaluation à la baisse en fonction des « clientèles étudiantes », étant donné que ces dernières ont de moins en moins de temps à consacrer à leurs études. Comment peut-on prétendre alors que l'aug-mentation des frais de scolarité n'affectera pas la qualité de l'éducation ? Comment peut-on soutenir également que des frais de scolarité trop bas n'encouragent pas les étudiants à terminer rapidement leurs études alors qu'ils sont de plus en plus nombreux à décrocher en raison du trop grand nombre d'heures qu'ils passent au travail ? On voit bien, encore une fois, que les arguments des défenseurs de la hausse des frais de scolarité sont complètement déconnectés de la réalité des étu-diants d'aujourd'hui.

En résumé, loin de rehausser la valeur des diplômes, l'aug-mentation des frais de scolarité conduit à une détérioration de l'apprentissage et des critères d'évaluation, bref, à un nivelle-ment par le bas généralisé aux antipodes de ce que devrait être la période des études : une occasion de prendre le temps qu'il faut pour former son esprit et ses aptitudes.

formation au Canada, Statistique Canada, 1er décembre 2008, www.statcan. gc.ca/pub/81-004-x/2006001/9184-fra.htm

12. *Ibid.*

Mythe 7

Les dons privés ne menacent pas l'indépendance de l'université.

Outre l'augmentation des frais de scolarité, la ministre Beauchamp évoque une autre solution au prétendu problème de sous-financement du système universitaire : accroître les dons privés et les revenus qui proviennent d'autres sources de financement, notamment de la recherche et des brevets[1]. Cette dynamique du recours au privé pour financer l'université est déjà bien entamée au Québec, depuis plus d'une vingtaine d'années – dans une proportion moindre, certes, que dans les universités anglo-saxonnes –, mais ses effets pervers sont déjà ressentis par les membres de la communauté universitaire.

---

1. Daphné Dion-Viens, « Financement des universités : les regards tournés vers le privé », *cyberpresse.ca*, 6 décembre 2010, www.cyberpresse.ca/le-soleil/actualites/education/201012/05/01-4349476-financement-des-universites-les-regards-tournes-vers-le-prive.php

Capitalisme universitaire

Plusieurs universitaires anglo-saxons dénoncent la commercialisation des universités et déplorent le fait que les ententes avec des acteurs du secteur privé – qu'il s'agisse de «dons philanthropiques» ou de partenariats visant à commercialiser les résultats de la recherche – limitent la liberté universitaire[2]. Les sociologues de l'université d'Arizona Sheila Slaughter et Larry L. Leslie ont développé le concept de «capitalisme universitaire» pour décrire les mutations de l'université américaine dans le contexte du passage à une «nouvelle économie du savoir», au tournant des années 1980. Ce capitalisme universitaire se caractérise par l'intrusion, dans les universités, de mécanismes de marché ou de quasi-marché tels que la compétition pour les subventions internes ou externes, les ententes partenariales avec l'industrie, la création d'incubateurs de recherche commercialisable et la commercialisation des logos des universités pour en faire des marques de commerce[3]. C'est la voie que veut emprunter le gouvernement du Québec, qui cite favorablement l'exemple du financement privé en Ontario dans son dernier budget: «Une entreprise peut associer sa marque de commerce avec l'Université York pour la production

---

2. À ce sujet voir Sheila Slaughter et Larry L. Leslie, *Academic Capitalism: Politics, Policies, and the Entrepreneurial University*, Baltimore, The Johns Hopkins University Press, 1999; David Noble, *Digital Diploma Mills. The Automation of Higher Education*, New York, Monthly Review Press, 2001; Ibrahim Warde, «L'université américaine vampirisée par les marchands», *Le Monde diplomatique*, mars 2001, www.monde-diplomatique.fr/2001/03/WARDE/14880

3. Sheila Slaughter et Larry L. Leslie, *op. cit.*

de matériel promotionnel ou de campagnes marketing[4].» «Autant dire que l'Université collabore avec l'industrie jusqu'à se fondre avec elle, jusqu'à devenir elle-même une marque commerciale[5]», souligne un collectif d'universitaires dans une lettre ouverte publiée dans *Le Devoir*.

Justement, cette hybridation entre le fonctionnement des institutions publiques et celui des entreprises privées s'inscrit dans la réforme de la gouvernance des universités, qui met en pratique la théorie de la nouvelle gestion publique (NGP). Cette théorie, qui guide la transformation des institutions d'enseignement en «universités entrepreneuriales», permet la mise en place de mécanismes de marché et de concurrence au sein des institutions publiques afin d'en accroître l'efficience. La NGP se caractérise par un renversement des finalités et des spécificités du secteur public, dans la mesure où elle nie toute différence entre une institution publique et une entreprise privée. Elle vise l'obtention de résultats principalement financiers, alors que le secteur public se caractérise par le fait qu'il favorise une rationalité et des processus normatifs et légaux (respect des normes et de la légalité, neutralité et continuité). La NGP participe en ce sens d'un fétichisme de la concurrence qui consiste à abstraire les activités finalisées du secteur public pour les retraduire selon des critères purement quantitatifs[6].

---

4. Gouvernement du Québec, *op. cit.*, p. 33.

5. Collectif d'auteur, «Hausse des droits de scolarité – Le symptôme d'une dérive plus profonde», *Le Devoir*, 29 mars 2011, www.ledevoir.com/societe/education/319815/hausse-des-droits-de-scolarite-le-symptome-d-une-derive-plus-profonde

6. Pierre Dardot et Christian Laval, «Néolibéralisme et subjectivation capitaliste», *Cités*, n° 41, 2010, p. 35-50.

Ainsi, cette théorie détruit le sens des institutions publiques et réduit leur finalité à la seule logique comptable. De nombreuses études portant sur les réformes des universités anglo-saxonnes inspirées par la théorie de la NGP ont d'ailleurs montré que celles-ci se sont révélées inefficaces pour les raisons suivantes[7] :

- Ces modèles de gestion détruisent la culture du « service public » sur laquelle reposent les institutions dotées d'un financement public.
- Ils tendent à exiger un protocole de vérification coûteux, dans lequel la procédure d'évaluation cesse de se rapporter à l'activité qu'elle devait initialement mesurer. Les contrats de performance, par exemple, visent à évaluer la performance sans égard à la nature de l'activité.
- Ces efforts sont disproportionnés par rapport aux rendements qu'ils génèrent. Ces réformes, qui sont censées débureaucratiser et accroître l'efficience, requièrent paradoxalement de lourds mécanismes de mesure.
- Les régimes d'audits ont un effet exponentiel : ils entament la confiance du public envers les institutions, ce qui provoque une demande pour un contrôle et une surveillance accrus. Des mécanismes de contrôle peuvent ainsi être ajoutés à l'infini.
- Ces nouvelles formes de gestion favorisent une concentration du pouvoir entre les mains des gestionnaires, et

---

7. Alan Scott, « NPM in Perspective » communication présentée au colloque *L'enseignement supérieur entre nouvelle gestion publique et dépression économique*, Analyse comparée et essai de prospective, Université de Paris X, 11-12 décembre 2009.

réduisent ainsi le pluralisme des voix et les contrepoids au sein des institutions.

– L'imitation des modèles de marché et l'accent mis sur la compétition nationale et mondiale mènent à la « définalisation » des institutions et ouvrent la porte aux pressions et aux intérêts corporatifs, donc à l'ingérence, voire à la corruption.

CORRUPTION ET DÉTOURNEMENT DES FINALITÉS

Michel Leblanc, président et chef de la direction de la Chambre de commerce du Montréal métropolitain, ne croit pas pour autant que les ententes actuelles entre les universités et les entreprises soient déjà en train de créer une forme d'« ingérence nocive ». Selon lui, « on est loin du point de saturation. On atteint ce point lorsqu'on s'aperçoit que les chercheurs perdent une forme d'autonomie, mais personne ne les force à signer ces ententes. Ou encore lorsque les professeurs sont davantage occupés par des recherches menées pour le privé, négligeant alors leurs tâches universitaires. Mais ce sont des scénarios extrêmes. Au Québec, il y a énormément de marge pour intensifier ces collaborations[8]. » Donc, selon le président de la Chambre de commerce, on peut continuer à détourner les institutions vers des tâches à vocation commerciale, puisque les symptômes de la catastrophe n'ont pas encore atteint leur paroxysme.

---

8. Lisa-Marie Gervais, « Sondage de la Chambre de commerce du Montréal métropolitain – Le privé devra collaborer davantage avec les universités », *ledevoir.com*, 6 octobre 2010, www.ledevoir.com/societe/education/297544/sondage-de-la-chambre-de-commerce-du-montreal-metropolitain-le-prive-devra-collaborer-davantage-avec-les-universites

Voilà qui soulève une interrogation : quelle marge de manœuvre reste-t-il avant que l'on atteigne le stade de la perte d'autonomie ? Dans le modèle des universités anglo-saxonnes – que les universités québécoises semblent vouloir adopter –, plusieurs voix s'élèvent pour dénoncer le fait que le stade de l'ingérence nocive est atteint. David Noble, professeur d'histoire des sciences et technologies à l'Université York explique dans son livre *Digital Diploma Mills. The Automation of Higher Education* :

> Le résultat de cette première phase de la marchandisation de l'université a été une réallocation généralisée des ressources vers la recherche aux dépens de l'enseignement. La taille des classes a augmenté, les ressources consacrées à l'enseignement ont diminué, les salaires ont été gelés et les programmes offerts ont été charcutés jusqu'à l'os. En même temps, les frais de scolarité ont augmenté pour subventionner la création et le maintien d'infrastructures commerciales (et de manière corollaire le gonflement de la bureaucratie) qui n'ont jamais réellement payé en retour. Au final, les étudiants ont payé davantage pour leur éducation et ont moins reçu en retour et les campus étaient en crise[9].

Une étude que nous avons effectuée pour le compte de l'IRIS[10] confirme que cette tendance, déjà bien établie dans les universités anglo-saxonnes, est insidieusement en train de se mettre en place dans les universités québécoises. Voici quelques-unes des principales conclusions de l'étude :

---

9. David Noble, *op. cit.*, extrait disponible en ligne : http://communication.ucsd.edu/dl/ddm1.html

10. Eric Martin et Maxime Ouellet, *La gouvernance des universités dans l'économie du savoir*, étude de l'IRIS, octobre 2010.

- Les avantages économiques que tirent les universités de ce que d'aucuns appellent la «bonne gouvernance» sont loin de correspondre aux promesses des promoteurs de celle-ci. La transposition en milieu universitaire du mode de gouvernance entrepreneuriale n'allège aucunement les dépenses liées à la bureaucratie. Au contraire, la gouvernance et ses normes d'efficience économique provenant du secteur privé nécessitent la mise en place de nouveaux et onéreux outils d'évaluation, de mesures de contrôle et statistiques, qui ajoutent au processus bureaucratique.

- La restructuration des universités selon le modèle de la gouvernance entrepreneuriale s'opère dans un contexte particulier, celui de la concentration des pouvoirs de l'institution entre les mains d'une minorité d'agents qui entretient des liens étonnamment étroits avec le secteur privé.

- Cette reconversion commerciale de l'université tend à se faire au détriment des activités pédagogiques les plus fondamentales : la recherche prend le pas sur l'enseignement. Les professeurs se désintéressent de plus en plus de ce dernier, désormais majoritairement dispensé par des chargés de cours.

Les dérives observées à l'UQAM, dans le cadre du projet de développement de l'îlot Voyageur, s'inscrivent justement dans cette tentative de réformer la gouvernance des institutions universitaires pour les rapprocher du secteur privé. Au regard de cette expérience désastreuse, comment ne pas voir que cette volonté d'arrimer la mission des universités au développement économique à tout prix mène inéluctablement à un gaspillage et à un détournement des fonds publics ? Comme le soutient le sociologue Gilles Gagné de l'Université Laval :

> Les petites gens, mal inspirées mais honnêtes, qui voudraient aujourd'hui abolir l'utilité des universités et les gouverner vers la production de brevets et de serviteurs pour les multinationales, sont un peu à côté de la question quand elles brandissent le fétiche unique et définitif de l'efficacité économique. Mais elles sont au centre de l'État. Cette mobilisation inutile de l'université vers une fonction que les entreprises occupent à la perfection depuis des siècles *a déjà pris la forme d'un gigantesque gaspillage.* À mesure qu'elle approchera de son but, on verra que l'affaire de l'UQAM n'était pas le dernier méfait de l'autonomie d'une institution, mais le premier bienfait de la gouvernance, du moins pour ceux qui dorment sur les dollars publics disparus dans l'aventure[11].

En résumé, l'assujettissement des universités à la mission de développement économique mène à une perte d'autonomie pour les établissements d'enseignement et à une augmentation des dépenses bureaucratiques qui détourne les finalités de l'éducation au profit d'intérêts privés corporatifs.

---

11. Gilles Gagné, « Une mission dévoyée. De l'université du savoir à l'entreprise des consultants », *À Bâbord !*, octobre-novembre 2008, p. 17-18.

Mythe 8

La commercialisation de la recherche universitaire va servir à financer le système universitaire.

Omme nous l'avons démontré dans le chapitre précédent, le rapprochement entre les entreprises privées et les universités mène à une érosion de l'autonomie de ces dernières. Il convient maintenant d'examiner l'autre présupposé qui sous-tend ce mariage arrangé: la commercialisation des résultats de recherche permet de financer le système universitaire, au même titre que l'augmentation des frais de scolarité.

Voici en quoi consiste l'argument: puisque les Chinois vont miser de plus en plus sur la recherche scientifique pour développer leur économie, nous devons faire comme eux et sacrifier collectivement notre liberté politique et nos institutions sur l'autel de la croissance. Il s'agit d'adopter une «économie communiste de marché», monstrueux mélange qui allie le pire du communisme au pire du capitalisme. Selon le juriste français Alain Supiot:

> [...] ce système hybride emprunte au marché la compétition de tous contre tous, le libre-échange et la maximisation des utilités individuelles, et au communisme la «démocratie limitée»,

l'instrumentalisation du droit, l'obsession de la quantification et la déconnection totale du sort des dirigeants et des dirigés. Il offre aux classes dirigeantes la possibilité de s'enrichir de façon colossale (ce que ne permettait pas le communisme) tout en se désolidarisant du sort des classes moyennes et populaires (ce que ne permettait pas la démocratie politique ou sociale des États-providence). Une nouvelle nomenklatura, qui doit une bonne part de sa fortune soudaine à la privatisation des biens publics, use ainsi de la libéralisation des marchés pour s'exonérer du financement des systèmes de solidarité nationaux[1].

À ce titre, le modèle chinois pourrait être un exemple probant de la voie à suivre, un système hybride qui conjugue à la fois la mise en concurrence et l'autoritarisme politique. Comme disait Orwell: « La guerre, c'est la paix. La liberté, c'est l'esclavage. L'ignorance, c'est la force. »

La finance et la marchandisation du savoir : un modèle de développement instable

Michel Maziade, professeur de psychiatrie titulaire de la Faculté de médecine de l'Université Laval, résume ainsi la conception utilitariste de la science qu'est celle de nos élites politico-économiques : « L'enrichissement économique et social d'une nation passera dorénavant par la science[2]. » Or, le problème du Québec serait la réticence des chercheurs à

---

1. Alain Supiot, « Voilà l'"économie communiste de marché" », *Le Monde*, 25 janvier 2008.

2. Michel Maziade, « Le patriotisme scientifique », *cyberpresse.ca*, 9 novembre 2010, www.cyberpresse.ca/place-publique/opinions/201011/09/01-4340828-le-patriotisme-scientifique.php

commercialiser les fruits de leurs recherches, principalement dans le domaine de la biotechnologie :

> D'où vient donc notre lenteur à nous alarmer devant l'imminence du danger économique ? Nos scrupules à lancer de grands chantiers visant à concentrer nationalement nos ressources sur les forces scientifiques encore concurrentielles, ou à remotiver nos jeunes à s'orienter en sciences ? Cela vient probablement de notre embarras à envisager pour une nation *une utilisation tactique de la science en raison de la nature profondément libre et impartiale de cette dernière*. Nous y serons inévitablement forcés. Mieux vaut s'y atteler maintenant ! Nos enfants le méritent[3].

Si, d'un point de vue normatif, la société antidémocratique prônée par M. Maziade et les autres tenants de l'« économie communiste de marché » semble totalement inacceptable, il convient de se demander si, d'un point de vue économique, ce modèle de croissance fondé sur la marchandisation du savoir peut être viable. Pour ce faire, il est nécessaire de comprendre que ce processus de commercialisation des universités s'inscrit dans le contexte de la crise économique qui a frappé les principaux pays industrialisés dans les années 1970 (crise du pétrole, de la dette, stagflation). Dans ce contexte, la stratégie de sortie de crise promue par les États-Unis consistait à miser sur le développement de secteurs convergents : la commercialisation du savoir et la finance. De fait, ces deux secteurs entrent en complémentarité institutionnelle dans la mesure où le savoir n'est « valorisable » que par la spéculation boursière[4].

---

3. *Ibid.*

4. El Mouhoub Mouhoud et Dominique Plihon, *Le savoir et la finance*, Paris, La Découverte, 2009.

Ce modèle de croissance n'est pas nouveau. Il remonte au début du XXe siècle, au moment où certaines « innovations comptables » ont permis d'évaluer les actifs immatériels des entreprises. Contrairement à la propriété physique, l'actif intangible repose sur l'attribution d'une valeur mesurable, fonction de l'anticipation de sa capacité à récolter des profits futurs – donc d'une valeur subjective[5]. Mieux connus sous le nom de *goodwill*, les actifs immatériels (ou intangibles) d'une entreprise correspondent, entre autres, aux activités du secteur de recherche et développement (R&D), à la marque de commerce, au « capital humain ». L'accumulation des actifs intangibles s'effectue notamment par des stratégies monopolistiques d'accès au marché – notamment par la vente des droits de propriété intellectuelle et par les marques de commerce, par des alliances stratégiques avec d'autres entreprises, ou encore par des ententes formelles et informelles avec les gouvernements. Les entreprises cherchent ainsi à sécuriser le flux de leurs futurs revenus. Ceux-ci ne passent nullement par la prétendue concurrence de marché, aujourd'hui réduite à l'état de fiction théorique. Il s'agit plutôt d'une forme de capitalisme monopolistique soutenu par l'État et dont le but est de créer, de consolider et de maintenir de nouveaux lieux d'accumulation de la richesse capables de générer des liquidités.

---

5. Un constructeur automobile, par exemple, possède des actifs matériels (des voitures, des bâtiments, des machines). Sa valeur immatérielle repose toutefois sur des projections et des spéculations qui tentent d'anticiper sa capacité à récolter des profits dans le futur (ventes anticipées, clientèle projetée, etc.). Autre exemple : le fabricant de chaussures Nike se contente de gérer sa marque de commerce (le *branding*), alors que la production physique réelle de chaussures est sous-traitée dans les pays du tiers-monde. La valeur de Nike dépend principalement de son image de marque.

Le principal problème de ce mode de développement réside dans le fait que le financement bancaire classique se prête mal à l'évaluation des actifs immatériels. Les banques se montrent généralement réticentes à financer des emprunts jugés trop risqués. C'est pourquoi la finance privée et la Bourse sont appelées à occuper un rôle central dans l'«économie du savoir», afin de pallier cette incapacité du financement traditionnel. Ainsi la finance, par le biais de la Bourse, se substitue aux banques pour alimenter ce type d'entreprises à haut risque et les mécanismes boursiers sont jugés plus fiables car ils permettraient d'anticiper et d'évaluer des actifs immatériels d'une entreprise.

Or, une telle anticipation n'est fondée sur aucun critère objectif. Au contraire, elle fonctionne sur la base d'une spéculation volatile pouvant changer radicalement au gré des modes qui traversent les marchés. En effet, la valeur attribuée aux actifs immatériels des entreprises dépend largement de l'opinion des actionnaires. Celle-ci repose sur une logique mimétique, autoréférentielle et spéculative, fondée sur une convention boursière, c'est-à-dire sur une sorte d'emballement collectif des marchés dans une direction arbitraire. Un exemple révélateur d'une convention boursière est celle qui a donné lieu à la bulle internet des «.com» et à la crise subséquente dans les années 2000, appelée le «krach des technos». L'économie du savoir est liée à cette économie financiarisée, car il s'agit essentiellement d'une économie des actifs immatériels. La capacité de s'approprier du savoir s'intègre ainsi à l'arsenal des mesures prises par une entreprise pour accroître son *goodwill*, c'est-à-dire la confiance des investisseurs en sa capacité de dégager des revenus futurs sous forme de liquidités.

Ce processus s'inscrit dans une logique de valorisation à court terme, propre à la Bourse, qui mène régulièrement à des crises. En effet, les mécanismes de valorisation boursière sont essentiellement fondés sur la spéculation. Comme la production physique des biens n'est plus la principale source de profits des entreprises, celles-ci misent sur la recherche et le développement, la production de brevets, la publicité, le contrôle des marques ; en somme, sur le contrôle de l'information, du savoir et de l'image. Ainsi, on a maintenant recours à des mécanismes boursiers qui permettent de contourner la difficulté d'attribuer une valeur au savoir selon des modes classiques.

Les nouvelles formes d'accumulation fondées sur les actifs intangibles ont eu des répercussions importantes sur la restructuration des universités. Les grandes entreprises, contraintes par les normes de la valeur actionnaire, sont incitées à réduire leurs investissements les plus risqués, notamment leurs dépenses en R&D. On assiste ainsi, depuis le début des années 1990, à un processus d'externalisation de ces investissements en R&D, qui a notamment pris la forme de partenariats entre les entreprises privées et les universités. Ce processus est appuyé par l'État, entre autres par la mise en place de mesures législatives sur la propriété intellectuelle. Aux États-Unis, par exemple, le *Bayh-Dole Act* a été adopté en 1980 pour stimuler la production en recherche universitaire de savoirs commercialisables. Il a permis, entre autres, de commercialiser et de privatiser les résultats de recherches financées publiquement.

Soucieux de demeurer compétitifs au sein d'une économie du savoir qui se globalisait, les gouvernements du Canada et du Québec ont, depuis le début des années 1990, fortement incité les universités à entreprendre des travaux de recherche susceptibles d'intéresser des entreprises privées et de générer des brevets. Les politiques publiques canadiennes et québécoises en matière de financement de la recherche sont directement inspirées des travaux de Michael Gibbons, consultant pour la Banque mondiale, et de Camille Limoges, qui a écrit la première politique scientifique du Québec dans les années 1980, et qui soutiennent que, dans l'économie du savoir, le « mode de production » de la connaissance doit être transformé. Le savoir traditionnel était produit dans les universités selon un modèle qualifié de « hiérarchique », et dépendait de l'aval de la communauté scientifique qui vérifiait la validité des connaissances en vertu d'un critère de vérité. Les partisans du nouveau « mode de production du savoir », préconisent de défaire la hiérarchie de la production du savoir, arguant que ce n'est plus à la communauté scientifique de juger de la validité des connaissances[6]. Le nouveau critère de validation deviendrait alors la capacité des connaissances à trouver une application pratique dans l'environnement extérieur (l'économie). Dans un rapport intitulé *Higher Education Relevance in the 21st Century*, Michael Gibbons soutient que, pour ne pas tomber en désuétude au XXIe siècle, les universités devront se soumettre aux exigences du développement économique: « La pertinence deviendra quelque chose qu'il faudra démontrer, non seulement une fois mais sur une base régulière. Les impératifs économiques vont tout balayer sur leur passage et si les universités ne s'adaptent pas, elles seront dépassées[7]. »

---

6. Michael Gibbons *et al.*, *The New Production of Knowledge*, Londres, Sage, 1994.

7. Traduit librement de Michael Gibbons, *Higher Education Relevance in the 21st Century*, Washington, World Bank, octobre 1997, p. 2.

À QUI PROFITE LA RECHERCHE COMMERCIALE?

Ce sont les entreprises privées qui bénéficient de la recherche subventionnée par des fonds publics alors que les universités tirent très peu de revenus de cette activité. En effet, selon les données fournies par Statistique Canada, c'est moins de 1 % du budget total des universités qui provient de la commercialisation de la recherche[8]. Les revenus de commercialisation proviennent principalement des redevances de licences. Ils sont faibles essentiellement parce que les licences sont cédées très tôt dans leur phase de développement. On assiste ainsi à une appropriation de la recherche financée publiquement par le secteur privé. Celui-ci développe ensuite les innovations brevetées et achetées à faible coût pour en tirer un profit commercial. Par ailleurs, en cas de litige, les universités, qui n'ont pas les assises financières de la grande entreprise, ne sont pas en mesure de défendre juridiquement leurs brevets contre le milieu des affaires. Elles ne peuvent engager de longues procédures judiciaires coûteuses et lourdes. On rappellera à cet égard que, dans les universités canadiennes, ce sont les employés affectés à la gestion de la propriété intellectuelle et aux frais juridiques qui représentent les masses salariales les plus élevées, respectivement 28 M$ et 15 M$ en 2008. En moyenne, les dépenses de fonctionnement liées à la gestion de la propriété intellectuelle dans les universités ont augmenté de 9 % entre 2007 et 2008, passant de 374 000 $ à 409 000 $[9].

---

8. Statistique Canada, *Enquête sur la commercialisation de la propriété intellectuelle dans le secteur de l'enseignement supérieur 2006 et 2005,* novembre 2008, www.statcan.gc.ca/pub/88-222-x/88-222-x2008000-fra.pdf

9. Eric Martin et Maxime Ouellet, *op. cit.*

Pour administrer les brevets et régler les litiges légaux, les universités déploient une lourde infrastructure bureaucratique dont les coûts annulent presque entièrement les revenus provenant de la propriété intellectuelle. Bref, cette activité commerciale ne rapporte rien aux universités et équivaut à financer publiquement de la recherche pour les entreprises privées. Alors pourquoi multiplier les ententes partenariales entre les universités et l'entreprise privée? Selon le sociologue et historien des sciences Yves Gingras, les ententes partenariales entre l'industrie et les universités ne profitent pas à ces dernières et visent plutôt à détourner radicalement leur mission, au bénéfice de certains intérêts privés convergents:

> Tout porte ainsi à croire que le véritable enjeu des discours récents sur la commercialisation des résultats de la recherche universitaire est moins le bénéfice économique potentiel que l'on fait miroiter aux universités, qui cherchent désespérément des revenus, que le rôle dévolu à ces institutions dans la réorganisation des rapports sociaux qui fondent l'économie dite du savoir. On comprend mieux dès lors la disproportion qui existe entre l'ampleur des discours appelant les universités à accroître leurs pratiques de commercialisation et la valeur économique réelle des gains probables. On comprend mieux aussi pourquoi si peu de travaux empiriques ont tenté, après 20 ans d'application de la loi Bayh-Dole, de mesurer ses effets réels. En effet, la plupart des discours sur l'impact de cette loi sont le fait d'agents sociaux dont les positions sont étroitement liées aux milieux gouvernementaux, financiers et industriels. Ils partagent spontanément l'idée que l'université est demeurée une «tour d'ivoire» que seules les actions volontaristes d'acteurs qui lui sont extérieurs pourront faire changer[10].

---

10. Pierrick Mallisard, Yves Gingras et Brigitte Gemme, « La commercialisation de la recherche », *Actes de la recherche en sciences sociales*,

Alors, à qui profitent l'augmentation de la hausse des frais de scolarité et le rapprochement entre les universités et le secteur privé? Essentiellement aux entreprises qui tirent profit de l'économie du savoir, c'est-à-dire les banques – dont la principale activité lucrative consiste à endetter la population –, les compagnies de pharmaceutique, de génomique, de télécommunications, etc., qui ont intérêt à ce que l'on poursuive ce mode de développement qui repose sur la socialisation des coûts et la privatisation des profits.

Collectivement, ce modèle nous coûte de plus en plus cher à maintenir. La plus récente crise économique a révélé la précarité du modèle de développement de l'économie du savoir adopté par le Québec. En 2009, par exemple, d'après les données de BIOQUÉBEC, la moitié des entreprises de biotechnologie et de sciences de la province n'avaient pas assez de liquidités pour finir l'année[11]. Les mesures incitatives pour favoriser les investissements dans le domaine de la biotechnologie et de la pharmaceutique coûtent de plus en plus cher au gouvernement et, en même temps, les multinationales coupent dans leurs budgets de recherche. Par exemple, les coûts de la règle des 15 ans – cet engagement qu'a pris le gouvernement du Québec de rembourser par l'assurance médicaments la version originale d'un médicament pendant 15 ans, même si une version générique moins chère est disponible – ont monté en flèche, passant de 30 à 161,5 M$ par année entre

---

n° 148, 2003, p. 66. Disponible en ligne: www.cairn.info/revue-actes-de-la-recherche-en-sciences-sociales-2003-3-page-57.htm

11. Carole Graveline, «Biotechnologie: un fleuron de l'économie québécoise en péril», *Radio-Canada.ca*, 27 août 2009, www.radio-canada.ca/nouvelles/Economie-Affaires/2009/08/26/006-biotech-danger.shtml

2005 et 2009. Selon Mélanie Bourassa Forcier, professeure de droit pharmaceutique à l'Université de Sherbrooke, « il faut accepter le fait que les compagnies pharmaceutiques au Canada ne feront pas beaucoup d'innovation elles-mêmes. Il ne faut pas le voir d'un mauvais œil : ce sont des sociétés privées qui veulent faire des profits. Il faut maintenant voir, nous, comment on peut tirer profit d'une situation comme celle-là. Et comprendre que les entreprises peuvent quand même rester des investisseurs importants en innovation, dans sa commercialisation, par exemple[12]. » La stratégie consisterait donc à investir davantage dans la sous-traitance sous la forme de partenariats entre les universités et les entreprises de biotechnologie. Selon Marc-André Gagnon, professeur en politiques à l'Université Carleton, le Québec n'aurait aucun intérêt à maintenir ce type de partenariat : « Ça ne fonctionne tout simplement pas[13]. »

En résumé, la commercialisation des résultats de la recherche universitaire n'est pas une véritable source de financement pour les universités. C'est une façon, pour les entreprises, de sous-traiter la recherche aux universités, dans le contexte de la montée en puissance d'une économie financiarisée, hautement spéculative. On assiste donc à un

12. Philippe Mercure, « Entreprises pharmaceutiques : des incitatifs remis en question », *cyberpresse.ca*, 27 décembre 2010, http://lapresseaffaires.cyberpresse.ca/economie/sante/201012/27/01-4355615-entreprises-pharmaceutiques-des-incitatifs-remis-en-question.php

13. Martine Letarte, « Médicaments d'origine – Le Québec payera toujours beaucoup trop cher pour ses médicaments. Le privé est moins efficace que le public pour contrôler ses coûts », *ledevoir.com*, 13 novembre 2010, www.ledevoir.com/societe/sante/310928/medicaments-d-origine-le-quebec-payera-toujours-beaucoup-trop-cher-pour-ses-medicaments

processus de socialisation des risques par le biais du financement public de la recherche et de la privatisation des profits
au bénéfice des grandes entreprises et, le comble, c'est que
ce processus sert de prétexte à la diminution du financement public des études.

Conclusion

Le point de vue techno-populiste s'exhibe désormais
sans complexe et souhaite réconcilier deux spiritualités :
celle de l'épicier du coin et du chef-comptable – « un
sou est un sou » – et la spiritualité administrative –
autrefois un peu plus ambitieuse – de l'inspecteur des
finances [...]. C'est pourquoi, pour nos « démocrates »
techno-populistes, l'enseignement coûte toujours
trop cher puisque de toute manière la crétinisation
par la communication remplace avantageusement
la caporalisation d'antan.

GILLES CHÂTELET, *Vivre et penser comme des porcs :*
de l'incitation à l'envie et à l'ennui dans
les démocraties-marchés

NOUS SAVONS MAINTENANT que l'élite économique se soucie
très peu de la qualité de l'éducation au Québec et qu'elle ne
considère celle-ci que comme un instrument pour catalyser l'accumulation du capital. Le prétendu sous-financement, on l'a vu,
est en fait un prétexte pour rendre socialement acceptable le fait
de financer, en se servant de plus en plus copieusement dans les
poches des Québécois, l'outillage des universités pour la concurrence en recherche, au bénéfice des entreprises.

L'augmentation des frais de scolarité a un effet dissuasif sur
ceux qui envisagent d'entreprendre des études supérieures, ou

provoque une hausse de l'endettement et du nombre d'heures de travail salarié qui nuit au travail universitaire. Pour la majeure partie des étudiants, aucune modification de l'aide financière ne réglera ce problème. Les frais seront par la suite indexés au coût de la vie, lequel ne cessera de grimper, vu le contexte inflationniste de l'économie. Après la hausse, les étudiants devront travailler deux fois plus pour payer la facture, voire plus encore si les droits sont déplafonnés pour certains programmes comme la médecine, ce qui ne fera que réduire l'accessibilité de ces domaines d'études aux étudiants issus de la classe moyenne et à ceux qui ne peuvent bénéficier des prêts et bourses.

En outre, le marché du travail précarisé n'offrira pas les emplois de qualité et les salaires élevés que l'on annonce en grande pompe et les étudiants devront choisir à contre-cœur des emplois jugés économiquement rentables mais peu intéressants ou socialement nuisibles. Quelle « valeur » auront alors les diplômes qui ne seront plus que des attestations de formations instrumentales branchées sur ces domaines économiques ? L'instrumentalisation du savoir par les missionnaires du développement économique met en péril l'autonomie universitaire et provoque un accroissement des dépenses bureaucratiques qui détourne les finalités de l'éducation au profit d'intérêts privés. Loin de financer l'université, cet arrimage signifie plutôt que les établissements d'enseignement supérieur deviendront les laboratoires de sous-traitance des entreprises. Non seulement ceux-ci ne recevront-ils que très peu d'argent, mais ils se dénatureront de manière irréparable.

C'est sans doute ce détournement des finalités des institutions qui est l'aspect le plus préoccupant de toute cette charge menée par l'élite contre l'université pour la plier aux besoins de la guerre économique. L'évolution récente du capitalisme a fait en sorte que, pour obtenir des gains de productivité, a) l'université doit renier sa mission fondamentale pour devenir un centre d'optimisation et d'innovation de la production capitaliste et b) l'ensemble de la société et des processus de production doivent être soumis à l'intervention des sciences sociales et de la technoscience pour tayloriser (le mot est faible) et huiler la gigantesque chaîne de montage (fût-elle « numérique ») à laquelle on souhaite réduire la société.

Il se joue déjà quelque chose de l'ordre de la tragédie pour l'université, la culture et le patrimoine intellectuel d'un peuple, une situation particulièrement inquiétante dans le cas d'une société aussi culturellement et politiquement précaire que le Québec. Et l'on ajoute l'insulte à l'injure en voulant faire payer les jeunes et les familles pour financer cette opération.

L'idéal constitutif de l'université veut que son rôle fondamental soit de former des personnes capables de vivre ensemble et de prendre soin du monde et de l'héritage culturel et historique humain qui leur est transmis. C'est ce que les Grecs appelaient la *paideia* : l'art d'élever les êtres humains à leur meilleure nature, de leur apprendre à aimer ce qu'il y a de meilleur dans la vie du commun et dans les mœurs de leur cité, et à développer leur autonomie pour savoir comment réagir lorsque la loi leur apparaît incompatible avec la « vie bonne ».

Force est d'admettre que nous avons institué, et que nous continuons d'instituer, une bien curieuse *paideia* sous l'impulsion des managers et de leur idéologie gestionnaire, à tel point que nous sommes arrivés à ce que le sociologue québécois

Michel Freitag appelait le «naufrage de l'université[1]». Les managers prétendent que l'université va former des diplômés hautement qualifiés qui vont stimuler la croissance économique et obtenir des salaires élevés en retour. Alors, on obtempère en créant de plus en plus de formations instrumentales pour répondre aux «besoins du marché» avec, comme résultat, ce que les récentes études ont démontré: «Un grand nombre d'étudiants n'apprennent que peu de choses ou rien du tout à l'université. Plus d'un tiers ne présentent aucune amélioration dans leurs aptitudes. […] si ce n'est pour obtenir le morceau de papier du diplôme, pour beaucoup d'étudiants, l'éducation supérieure est une perte de temps totale[2].» Des «tests menés sur plus de 2 300 étudiants américains montrent que leur passage à l'université a peu ou pas amélioré leur pensée critique, leurs aptitudes rédactionnelles et leur capacité à tenir des raisonnements complexes[3]». Quant aux hauts salaires, ils ont de plus en plus l'allure d'un mirage: «Le diplôme universitaire est le seul niveau d'étude pour lequel la rémunération horaire a diminué l'an dernier», comme nous le rappelle l'Institut de la statistique du Québec[4]. Devons-nous continuer ainsi à pousser la jeunesse québécoise vers des universités qui se dégradent, dans l'espoir de recueillir des bénéfices économiques individuels et «collectifs» (du moins pour la microcollectivité des

---

1. Michel Freitag, *Le naufrage de l'université*, Québec, Éditions Nota bene, 1998.

2. Margaret Wente, «Is Our Students Learning?», *theglobeandmail.com*, 16 juin 2011, www.theglobeandmail.com/news/opinions/opinion/is-our-students-learning/article2062281

3. Ariane Krol, *op. cit.*

4. *Ibid.*

actionnaires) qui ne viendront pas et pour former, au passage, des travailleurs surdiplômés et précaires qui déchanteront bien vite lorsque se volatiliseront les chimères de ce que leur promettent les universités, Lucien Bouchard ou Line Beauchamp.

En effet, nous avons déjà démontré que les industries à capital de risque battent de l'aile et que la crise économique est loin d'être terminée. Tout cela ressemble de plus en plus à un fiasco monumental. Loin de générer la prospérité promise, les recettes niaises de l'éducation entrepreneuriale et managériale, en plus d'endetter et d'appauvrir les étudiants, créent des conditions qui nuisent à l'apprentissage et poussent au nivellement des contenus par le bas. La qualité de l'enseignement et la formation intellectuelle des jeunes en souffrent. Le modèle de « l'économie du savoir » s'est révélé être un énième mirage du capital. Au Canada anglais, on commence à s'en rendre compte, comme le montre cet éditorial du *Globe and Mail* : « Pendant des années, on nous a dit que l'éducation était la clef de la prospérité dans un âge postindustriel. Nos décideurs et politiciens insistent pour dire que l'expansion de l'accès à l'éducation supérieure est crucial pour notre économie. Le problème, c'est que cela ne peut fonctionner que si l'éducation supérieure transforme les étudiants en meilleurs penseurs et leur apprend à raisonner. Or, ce n'est pas ce qui se produit[5]. » Bien sûr, l'auteure, fidèle à « l'objectivité journalistique », ne remet pas en question le système et se contente d'en constater le manque d'opérationnalité ; elle espère encore que l'on pourra corriger le problème, que l'argent investi dans l'université formera des cerveaux qui sauveront la prospérité économique. N'empêche,

---

5. Margaret Wente, *op. cit.*

on voit déjà poindre le problème : le mythe de l'économie du savoir s'effondre, la richesse anticipée n'est pas au rendez-vous et un triste portrait se profile à l'horizon. Au Québec, les marchands de rêve continuent de débiter leurs sornettes sans provoquer les rires incrédules que devrait pourtant soulever le discours de « l'économie du savoir ». On trouve même des groupes d'étudiants pour s'en réclamer positivement. Cette chimère refait surface épisodiquement dans l'espace public. Ces derniers temps, ses promoteurs sont devenus particulièrement agressifs et sont en voie d'obtenir la hausse des frais de scolarité qu'ils espèrent. On aura compris qu'il y là bien plus qu'une simple question technique ou comptable qui est en jeu. Le discours soi-disant innovateur des élites québécoises se révèle tristement conformiste et dépassé : partout dans le monde, l'éducation subit les méfaits de ces recettes tout droit sorties des livres de management des années 1990. La crise économique ne semble pas avoir affaibli la force d'attraction du mirage. Mais les conséquences sociales, intellectuelles, culturelles et scientifiques se font déjà sentir, sans parler des conséquences financières. La connaissance valorisable, l'université marchande et l'endettement étudiant, comme nous le mentionnions plus haut, pourraient bien constituer la prochaine bulle spéculative et provoquer la prochaine crise. En effet, les dettes de la nouvelle génération, bien plus que les hypothèques domiciliaires, seront des dettes d'études faramineuses, et de nombreux joueurs financiers voudront capitaliser sur cette manne. Si rien n'est fait, la table est mise pour une énième catastrophe financière, mijotée dans les cuisines de l'OCDE et servie par les vendeurs de « chars usagés » qui prétendent diriger la société québécoise.

L'éducation est devenue un enjeu politique incontournable puisque c'est encore elle qui définit les valeurs fondamentales et les grandes orientations normatives vers lesquelles la société va s'engager : la seule accumulation d'argent peut-elle tenir lieu de projet collectif pour le Québec, pour le monde ? En ce sens, les orientations que souhaitent donner à l'éducation des groupes comme la Coalition pour l'avenir du Québec (CAQ), qui visent à « se doter de l'un des meilleurs systèmes d'éducation au monde[6] », performant et productif, sont très inquiétantes si on pense au type de société et d'individus qu'elles pourraient produire.

À la question que posent les écologistes, « Quel monde allons-nous laisser à nos enfants ? », Jaime Semprun répondait qu'il conviendrait plutôt de se demander : « À quels enfants allons-nous laisser le monde[7] ? » À notre tour, il faudrait réfléchir collectivement pour savoir à quels enfants nous allons laisser le Québec. À des petits entrepreneurs d'eux-mêmes, narcissiques, qui ne feraient que « produire toujours plus » pour pouvoir « consommer toujours plus » et dont la subjectivité entrerait en parfaite harmonie et en complémentarité structurelle avec la logique d'accumulation illimitée du capital ? Ou encore à des citoyens autonomes en mesure d'imposer collectivement des limites à la dynamique de la croissance illimitée ? Les défis auxquels seront confrontées les générations futures, que ce soit au Québec ou ailleurs dans le monde, sont immenses. Il faudrait peut-être se demander s'il est responsable,

---

6. Coalition pour l'avenir du Québec, « Se doter d'un des meilleurs systèmes d'éducation au monde », *op. cit.*

7. Jaime Semprun, *L'abîme se repeuple*, Paris, Éditions de l'Encyclopédie des Nuisances, 1997.

collectivement, de laisser à quelques managers dépassés le soin de « gérer l'apocalypse[8] » vers laquelle nous pousse inéluctablement notre modèle de développement aveugle.

Le capitalisme court à la catastrophe écologique, économique, sociale, culturelle. Les promoteurs de l'économie du savoir vont y ajouter une catastrophe intellectuelle et nous priver, par la même occasion, d'une des rares institutions qui aurait encore pu nous servir à réfléchir à une manière de prévenir le suicide collectif que nous nous préparons à commettre. Il serait peut-être temps, enfin, d'écouter Michel Freitag, qui appelait déjà en 1995 à donner un grand coup de pied dans la politique éducative du Québec pour retrouver le *sens* de l'université et de l'éducation supérieure :

> Dans tout cela, encore une fois, il ne s'agit pas de changer de bateau : il suffit de changer de cap. Et l'on pourra même alors aussi « baisser la vapeur », pour prendre le temps de voir où l'on va et de faire le point à mesure que l'on avance. L'important pour l'heure est d'infléchir le mouvement. Parce que plus le modèle de développement auquel participe l'université (et qu'elle a largement contribué à formuler et à promouvoir, même si elle en fait maintenant une pure donnée objective à laquelle elle serait tenue de s'adapter) étend son emprise loin de son origine (dans le temps historique et dans l'espace sociopolitique et civilisationnel), plus la rupture vers laquelle il va – parce qu'il en crée toutes les conditions – sera cassante : autre façon de dire que le rejet de la greffe que ce modèle veut imposer risque d'être total. [...] À laisser aller comme on va, à laisser faire comme on fait, on ne va pas vers une « solution », on ne fait pas un monde meilleur, on va vers pire : et puis le pire, c'est que par-dessus ou par-delà toute conjoncture et toute stratégie,

---

8. Nous empruntons ce terme à la tétralogie de Jean-Jacques Pelletier, *Les gestionnaires de l'Apocalypse* (Éditions Alire).

toute programmation et toute prévision, on va vers rien. Et nous ne sommes pas encore rien[9].

Les étudiants du Québec, les professeurs et, en fin de compte, l'ensemble de la population ne peuvent faire autrement que de résister sans concessions à cette piraterie menée par des affairistes et dirigée contre l'école et la pensée. Les plans éculés d'une petite élite médiocre et trop heureuse de faire des courbettes devant le capital et les investisseurs étrangers ne sauraient faire office de projet commun pour une société. Les peuples et les personnes ont droit à leur autonomie et au libre partage de leur culture. Ils valent mieux que d'être exploités par de petits chefs d'entreprise imbus d'eux-mêmes et qui n'ont que mépris pour la pensée. Ces représentants dépassés d'un système moribond sont certainement les moins bien placés pour définir des programmes d'éducation, même si leur discours enterre pour l'heure toute vision sensée de l'éducation et du vivre-ensemble. Ils voudraient bien que l'école ne serve qu'à répandre leur minable imagination dans les têtes des jeunes. Mais l'université sert à penser ce que serait un monde débarrassé de l'obsession de la croissance écocide et de l'argent. N'est-ce pas là un meilleur projet éducatif, un meilleur projet collectif pour le Québec?

Il en va, comme le disait le sociologue Gilles Gagné, de la survivance d'une culture qui risque autrement de s'abîmer dans l'argent: « Les Athéniens consacraient près de la moitié de leurs ressources fiscales au théâtre; si nous nous souvenons d'eux, c'est sans doute parce qu'ils croyaient en ce qu'ils avaient à dire. Si, dans l'avenir prochain, il existe encore au Québec une

---

9. Michel Freitag, *op. cit.*

totalité morale irréductible aux valeurs de l'autoréférence financière et à celles de la production de gadgets, alors c'est que la « mutation » du Canada français en société québécoise aura gagné son pari[10]. »

Les jeux ne sont pas encore faits. Les transformations que nous avons décrites ne sont pas le fruit d'une logique économique inéluctable, il s'agit d'un projet politique. À nous d'en articuler un autre qui accomplira le projet historique d'émancipation de la société québécoise : nous réapproprier ce qui nous appartient déjà.

---

10.   Pierre Lefebvre et Jean-Philippe Warren, « Le Québec comme marchandise. Entretien avec Gilles Gagné », *Liberté*, vol. 51, n° 288, juin 2010, n° 4, p. 9-29.

Le prix de l'ignorance

Quatre personnalités publiques se prononcent contre la hausse des frais de scolarité

Quatre personnalités publiques se prononcent contre la hausse des frais de scolarité

Nous avons demandé à quatre personnalités publiques d'écrire à chaud leurs impressions sur les transformations qui bouleversent actuellement le monde de l'éducation au Québec. Guy Rocher, Lise Payette, Omar Aktouf et Victor Lévy-Beaulieu ont généreusement accepté de nous livrer leur point de vue. Depuis leur perspective propre, chacun des auteurs dénonce une situation qu'ils reconnaissent tous comme inacceptable : la commercialisation de l'université et de l'éducation, la hausse des frais de scolarité, la menace qui pèse sur l'accessibilité aux études, en particulier pour les classes moyennes, les moins nantis et les femmes. Ils s'entendent tous pour reconnaître que les mutations actuelles expriment une rupture avec l'idéal de justice sociale et d'égalité qui avait animé l'édification du système d'éducation québécois. Si notre propre démonstration n'avait pas suffi à convaincre de l'urgence de résister face à la vague de corruption des institutions d'enseignement, nous espérons que leur témoignage saura dissiper les doutes qui subsisteraient encore dans les esprits. Si, comme le dit la CREPUQ, il y a « urgence de choisir », il faut leur répondre ce que disait le chanteur Sylvain Lelièvre : « Votre intérêt n'est pas le nôtre, et sachez bien que nous savons. »

Une mentalité commerciale

Guy Rocher

Guy Rocher est professeur émérite de sociologie à l'Université de Montréal. Véritable « doyen » de la sociologie au Québec, il a été membre de la commission Parent et a participé à l'édification d'un système d'éducation moderne et ouvert sur le monde au Québec.

AU MOMENT de la Révolution tranquille et depuis celle-ci, la gratuité des études jusqu'au cégep a été instituée et maintenue dans un but de justice sociale. Cet acquis devait permettre, et a effectivement permis, à des jeunes de poursuivre et de parfaire des études qu'ils n'auraient même pas eu l'idée d'entreprendre avant 1960. Disons-le, n'hésitons pas à employer l'expression, ce fut un « projet de société » à réaliser et qui est encore en voie de réalisation. L'éducation, une valeur collective autant qu'individuelle, devenait accessible à toutes les strates de la société québécoise. C'était la seule solution pour en finir avec le système scolaire élitiste qui prévalait avant 1960.

Le même idéal de justice et d'équité a motivé le gel des frais de scolarité au niveau universitaire. Une telle mesure était la suite normale, logique, essentielle de la gratuité aux autres niveaux. Elle prolongeait – on n'ose pas dire « couronnait » – le projet d'une société plus juste en y intégrant un système d'enseignement plus accessible à tous.

Ce projet de société a aussi été inspiré par un *espoir*, l'espoir de voir la population québécoise qui était, en 1960, la moins scolarisée du Canada, devenir l'une des plus scolarisées au début du XXIᵉ siècle. Ce rêve est en train de se réaliser, mais on n'a pas encore atteint le but souhaité; beaucoup de chemin reste à faire, en particulier au niveau universitaire: trop de jeunes, en particulier des milieux socioéconomiques moins favorisés, ne peuvent s'inscrire à l'université bien que leur talent leur permettrait d'y accéder. Malgré toutes les attaques et toutes les critiques dont il n'a cessé d'être l'objet, le gel des frais de scolarité a été l'expression, le symbole, la matérialisation de cet espoir collectif et individuel.

Après avoir observé ce qui s'est passé au fil des ans, on peut dire que les forces en présence sont devenues de plus en plus inégales. Les promoteurs de la hausse des frais de scolarité ont progressivement gagné du terrain dans l'opinion publique, dans les médias, dans les mouvements sociaux, chez les étudiants eux-mêmes. La notion de justice sociale s'est affaiblie, l'espoir a perdu de son pouvoir évocateur. Le projet de société, bien qu'on ne puisse nier qu'il est encore présent, a cependant pâli devant la mentalité commerciale qui inspire les politiques actuelles.

Faire payer un objet, un service, quel qu'il soit, par la clientèle elle-même, relève de la mentalité commerciale. Avoir accès à l'université, c'est s'acheter un service: il faut que le client paye pour. On ne va pas chez son coiffeur sans le payer: on ne bénéficie pas des services de l'université sans y mettre le prix. L'étudiant est un client de l'université de la même manière qu'il est un client du dépanneur du coin. Telle est la mentalité commerciale.

Si cette clientélisation du rapport étudiant-université a pu gagner du terrain et s'installer, c'est parce que la mentalité de l'entreprise privée a progressivement prévalu dans les administrations de nos universités et, bien sûr, à la direction du ministère de l'Éducation. On croit maintenant dur comme fer qu'une entreprise privée est forcément mieux gérée qu'une entreprise d'État. Comme si la première n'avait pas, entre autres, les mêmes défauts, les mêmes faiblesses que la seconde.

Une professionnelle de la santé de ma connaissance enseigne sa discipline dans un établissement de Montréal et dans un autre à Toronto. À Montréal, les frais d'inscription sont restés assez stables, tandis qu'à Toronto, ils ne cessent d'augmenter. Or, cette enseignante affirme qu'à Toronto, elle fait face à des étudiants qui veulent en avoir pour leur argent, qui veulent surtout apprendre ce qui est immédiatement pratique, c'est-à-dire rentable. Elle ne doit pas leur faire perdre leur précieux temps en explorant des dimensions trop fondamentales – ou trop éthiques – de leur future pratique.

La logique de l'esprit commercial peut mener à donner en exemple l'attitude « exigeante » de ces étudiants. Ils apprécient le service parce qu'ils payent pour : voilà le fin mot de la commercialisation de l'enseignement, particulièrement au niveau supérieur. Mais cette « valorisation » de l'enseignement est en réalité une manière efficace de la dévaloriser : la valeur monétaire de l'enseignement se substitue à la valeur intrinsèque, humaine, humaniste, sociale du savoir.

La commercialisation de l'enseignement universitaire est évidemment portée par le vent du néolibéralisme et de l'individualisme qui souffle dans nos voiles. Avant qu'il ne nous ait fait faire naufrage, ce naufrage humain qu'il produira inévitablement, il est urgent de revenir à l'*espoir* que représente un système d'enseignement authentiquement démocratique, de la maternelle jusqu'au doctorat.

LES JEUNES PAIENT LE PRIX ET C'EST TOUTE NOTRE SOCIÉTÉ QUI S'APPAUVRIT

Lise Payette

Lise Payette est une femme politique, féministe, écrivaine, animatrice de télévision et animatrice de radio québécoise. Élue députée du Parti québécois dans Laurier-Dorion en 1976, elle a dirigé plusieurs ministères dans le gouvernement de René Lévesque, jusqu'en 1981. Elle est l'auteure de plusieurs téléromans et elle tient une chronique régulière dans Le Devoir.

J'AI D'ABORD HÉSITÉ à contribuer à ce livre parce que je savais que je serais la moins instruite des collaborateurs. Pour écrire un livre sur l'éducation, on fait généralement appel à des spécialistes de la question. J'ai choisi de foncer quand même parce que, à ma façon, je peux éclairer le débat d'une autre lumière et faire entendre la voix d'une femme qui a été privée des études qu'elle désirait entreprendre parce que sa famille était pauvre et qu'elle était une fille.

Je me suis longtemps disputée avec mon père pour le convaincre de me laisser terminer mon cours classique (la version allégée qu'on avait concoctée pour les filles parce qu'on était convaincu qu'elles ne pourraient pas suivre le cours auquel les garçons avaient droit), mais il me répondait que j'étais assez jolie pour trouver un mari et qu'une fois que je serais mariée, je n'aurais pas besoin d'être bien savante pour changer des couches. Alors j'ai cessé de lutter contre lui. Il n'était pas plus méchant que les autres pères. C'était un homme comme ceux de son temps.

J'avais une soif d'apprendre qu'il ne pouvait pas comprendre. On avait commencé à m'ouvrir des horizons et toutes les portes se refermaient. Mes enseignantes, les sœurs de Sainte-Anne, qui étaient pour la plupart issues du milieu ouvrier ou de familles de cultivateurs en milieu rural, n'avaient pas toutes choisi d'entrer en religion pour la religion. Certaines avaient fui l'obligation de se marier, de mettre au monde des enfants et de perpétuer le rôle qu'on imposait aux femmes et qu'elles rejetaient. Ce sont elles qui nous ont appris à ne jamais renoncer et à foncer dans la vie en ouvrant toutes les portes qui étaient verrouillées pour les filles. Rien n'était impossible, nous ont-elles enseigné. Et nous les avons crues.

Tout au long de ma vie, j'ai souvent parlé de ma grand-mère, Marie-Louise, parce qu'elle n'était pas une femme ordinaire. Ou plutôt si. Elle était justement une femme tout ce qu'il y a de plus ordinaire. Elle n'avait fait que trois ans d'études primaires et pourtant, elle savait lire, écrire et compter. Elle avait quitté l'école pour aider sa mère à élever ses petits frères et sœurs. C'était le rôle des filles, disait-on.

Quand j'étais enfant, Marie-Louise me racontait que si elle avait été un garçon, elle aurait voulu être médecin, mais qu'évidemment sa famille n'avait pas les moyens de lui permettre de réaliser son rêve. Ses frères non plus n'avaient pas fait de longues études. À 12 ou 14 ans, il fallait qu'ils trouvent du travail pour aider la famille à survivre.

Je suis née d'une famille ouvrière, dans un quartier pauvre mais fier où la plupart des gens tiraient le diable par la queue. Ils travaillaient sept jours par semaine pour pouvoir se loger et se nourrir. Ma grand-mère, avec sa toute petite instruction, avait servi d'enseignante pour ses frères et sœurs. Ma mère, avec cinq ans d'études, avait fait la même chose avec les siens.

Ma grand-mère était une incroyable féministe, sans savoir ce que le mot voulait dire ni même qu'il existait. Elle était en avance sur son temps dans tous les domaines. Alors que le Québec entier sombrait dans la bondieuserie, ma grand-mère, droite comme un chêne, affirmait haut et fort qu'elle n'était pas croyante. Ce qui ne lui valait pas que des amis.

Elle m'a montré que tout ce qu'on peut apprendre à l'école, on peut l'apprendre autrement. Qu'il ne faut jamais cesser de poser des questions ni craindre d'afficher son ignorance en le faisant, puisque l'objectif est la connaissance. Elle disait qu'il fallait attiser la curiosité chez les enfants, alors que l'éducation de l'époque avait une terrible tendance à l'éteindre. Elle disait que la curiosité était le premier signe d'une véritable intelligence et qu'à partir du moment où un enfant commençait à demander *pourquoi*, ce mot dont elle disait qu'il était le plus beau de la langue française, cet enfant était sauvé.

Son message n'est pas tombé dans l'oreille d'une sourde. Des *pourquoi*, j'en avais de pleines pochetées. Avec mon petit bagage de début de cours classique (quatre ans de Lettres-Sciences), j'ai foncé vers ma propre vie que je ne pouvais imaginer autrement qu'entourée de plus savants que moi qui partageraient leur savoir avec moi, la fille qui n'avait que des questions. Et aujourd'hui, quand je regarde en arrière, je me dis que la recette de Marie-Louise pourrait servir de point de départ pour motiver tous ceux qui désertent les écoles parce qu'ils sont tellement pressés de vivre, qu'ils n'ont plus le goût d'apprendre.

Ce sont les garçons qui en arrachent en ce moment. Dans un monde dominé par les hommes, ils ont toujours été formés pour formuler des réponses. La société leur était offerte sur un plateau d'argent et leur sexe en faisait les héritiers de toutes les réponses que d'autres hommes avant eux avaient formulées puis répétées. Les filles, trop longtemps privées d'études, sont arrivées dans l'éducation avec seulement des questions. Le fait qu'elles doivent absolument se faire une place dans la société favorise leur dépassement.

Les postes à prendre sont là, mais elles savent qu'elles n'y auront droit que si elles sont plus que qualifiées. Pas égales, mais meilleures que les gars qui prétendraient au même emploi. La réussite des filles est à ce prix. Elles le savent. C'est une grande part de leur motivation.

Les universités sont, en ce moment, le territoire de l'affirmation des femmes. Elles raflent les diplômes, pressées de faire la preuve qu'elles ont les compétences requises. Les garçons ont commencé à se rebiffer. Ils ont même tenté de faire valoir qu'il y aura des problèmes s'il y a trop de filles en médecine, par exemple, parce que celles-ci vont vouloir s'absenter de la pratique pour avoir des enfants. Il resterait à trouver un moyen pour que ce soient les garçons qui portent les enfants pendant un moment.

Les filles qui accèdent à ces niveaux d'études ont une lourde responsabilité. Elles doivent garder le terrain qu'elles occupent sans en céder un pouce et s'assurer que les portes restent ouvertes pour toutes celles qui viennent après elles. L'accès au savoir doit être protégé pour toujours.

Moi, qui aurai 80 ans dans quelques jours, j'aime penser que les métiers que j'ai choisis ont compensé le peu d'études que j'ai faites et que, ayant posé toutes sortes de questions dans le cadre de mes diverses professions, j'aurai donné à la curiosité ses lettres de noblesse.

Il n'y a rien qui m'afflige autant que des cerveaux figés qui pensent avoir trouvé toutes les réponses à 20 ans et qui vont vivre sur leur vieux gagné pendant trop longtemps. J'aime être mise à l'épreuve et je ne sais pas si je pourrai m'endormir un soir sans avoir appris quelque chose de nouveau que je ne savais pas le matin en me réveillant.

En posant des questions comme journaliste, comme intervieweuse ou même comme politicienne, j'ai bénéficié du savoir de tant de sommités dans tous les domaines que je pourrais couvrir mon mur de diplômes de toutes sortes, comme le font les avocats et les médecins dans leurs bureaux. Le seul auquel je tienne vraiment c'est celui de ma 4e année de Lettres-Sciences qui m'a permis de poser des questions pas trop idiotes.

Bien sûr, je remercie Marie-Louise, qui continue de m'inspirer chaque jour, et mon père qui a semé en moi le grain de la révolte sans laquelle je n'aurais probablement rien entrepris de ce que j'ai fait. Mais je trimballe, depuis la fin de mes études, le rêve que les écoles et les universités offriront un jour un enseignement totalement gratuit et dispensé sans discrimination, aux filles et aux garçons, dans des conditions qui favoriseront leur désir d'apprendre et leur permettront de devenir de meilleurs citoyens. Je rêve d'un pays dans lequel on préférera investir dans les cerveaux plutôt que dans le béton et le pétrole.

Mon désespoir, c'est que ce n'est pas la voie que nos dirigeants semblent avoir choisie. En éducation, comme dans bien d'autres dossiers, les changements qu'ils proposent nous font reculer au lieu d'avancer. Les jeunes en paient le prix, mais c'est toute notre société qui s'appauvrit. Les dommages risquent d'être irréparables.

La marchandisation de l'éducation et le faux alibi de la pauvreté de l'État au Québec

Omar Aktouf

Omar Aktouf est professeur de management à HEC Montréal. Connu internationalement pour ses ouvrages critiques du management à l'américaine et de la mondialisation néolibérale, il a également été plusieurs fois candidat pour l'Union des forces progressistes (UFP) et pour le Nouveau Parti démocratique (NPD). Il est l'un des critiques les plus affirmés des dérives du capitalisme financier et du néolibéralisme au Québec.

Je n'oublierai jamais ce cours que j'ai donné en 2008 à des étudiants de maîtrise en gestion, en équipe avec un de mes collègues du département d'économie appliquée de HEC Montréal, et au cours duquel fut abordée la question de l'éducation et de son financement. En bon économiste néolibéral, comme ceux que HEC Montréal produit à foison, mon éminent collègue expliqua, en s'appuyant sur moult arguments plus scientifiques les uns que les autres, que le meilleur de tous les systèmes d'éducation était assurément celui pour lequel les étudiants payent un « juste prix », comme en Ontario ou aux États-Unis.

Je précise que, dans cette affirmation, ladite justesse du prix désigne l'apport financier qui affranchirait l'État de son statut de vache à lait drainée par les citoyens devenus de voraces assistés, par les fonctionnaires, paresseux rentiers de l'inutile État budgétivore, les malades qui s'imaginent pouvoir se faire soigner sans bourse délier et les syndicats qui prétendent avoir droit à une part de la richesse dont nos valeureux patrons du privé sont les seuls producteurs. L'argument qui sous-tend ce discours suggère que, «comme pour le système de santé» (*sic*), le fait de faire payer plus améliorerait automatiquement la qualité de l'enseignement et n'en limiterait nullement l'accessibilité, ainsi que le démontrent les statistiques, notamment ontariennes[1].

Naturellement, je me démenai comme un diable dans un bénitier pour réfuter ce lénifiant discours, sous l'œil ébahi et incrédule des étudiants. Ils me regardaient comme si j'étais un extraterrestre descendu d'on ne sait quelle galaxie, parce que j'osais contredire des démonstrations aussi évidentes et surtout parce que j'avais l'audace de prétendre que l'éducation est un droit et non un privilège[2]. Et ce qui me semblait inimaginable se produisit : un étudiant leva la main pour intervenir et fit tout de go, avec le plus grand sérieux du monde (sans parler de son orgueil), cette déclaration inouïe : «Monsieur, moi j'ai payé

---

1. Remarquons que les économistes qui tiennent ce genre de discours sont capables, du même souffle, d'affirmer que la hausse des tarifs de l'électricité ou de l'eau réduirait tout aussi automatiquement la consommation de ces ressources et nous les ferait économiser. Comprenne qui pourra !

2. De toute façon, une coriace étiquette de «gauchiste tiers-mondiste» accolée à mon nom suffit largement, depuis des années, à discréditer d'avance mes propos, quoi que je dise dans cette noble institution.

pour mes cours à HEC et je payerai davantage s'il le faut, car je suis en train d'investir dans un diplôme qui va me permettre de faire de l'argent plus tard. Il n'y a aucune raison pour que l'on me donne cela gratuitement! Ceux qui ne peuvent investir autant que moi n'ont qu'à se contenter de ce que leurs moyens leur permettent d'acquérir comme formation, un point c'est tout!» Puis il ajouta, pêle-mêle, quelques formules consacrées du genre «lois du marché», «démocratie méritocratique», «fin de l'État-providence», «sélection des meilleurs», «il faut cesser de vivre au-dessus de ses moyens», bref, tout le catéchisme néolibéral qui fait aujourd'hui office de science-conscience-opinion! Bien évidemment, mon collègue était ravi, tout comme les autres étudiants qui renchérirent.

Comment était-il possible que certains de mes semblables, étudiants et professeurs, en soient réduits à tenir – certes en toute bonne foi – de tels discours qui ne relèvent même plus du sophisme mais du pur délire démagogique?

Noam Chomsky a fourni plusieurs pistes de réponse à ce genre de question. J'en applique une sans réserves à notre pauvre Québec aux prises avec un patronat de plus en plus arrogant et des libéraux convertis à la pensée néoconservatrice et qui voient l'État comme un comité de gestion par les riches pour les riches: le gouvernement sait très bien ce qu'il fait en augmentant le prix des études et en livrant les universités au financement privé. Il transforme le citoyen-étudiant en reproducteur du système que souhaitent les riches. En effet, au terme de ses études, le diplômé se souciera avant tout de rembourser ce qu'il aura dû emprunter, puis de s'enrichir (au lieu de soigner ou d'enseigner, par exemple) pour pouvoir, entre autres, payer des études à ses enfants. Ainsi, la recherche universitaire ne sera plus qu'un mode de production d'idéologies patronales et l'université, une usine à brevets générateurs de revenus corporatifs maximaux et rapides. À l'instar de Chomsky, je me demande si l'on peut encore appeler universités de tels établissements.

Le programme néoconservateur et néolibéral concocté pour le Québec est bâti sur le mythe de la misère de l'État et celui, corollaire, du sous-financement des universités. Il ne s'agit là que d'une infime partie du vaste plan de privatisation – d'éta-sunisation – du Québec. Celui-ci comprend une armada de partenariats public-privé (PPP), entre autres façons de brader les biens publics (des richesses du sous-sol à l'éolien, en passant par l'eau, la santé, les transports, etc.) sous prétexte d'économie et d'efficacité, alors que l'on sait, depuis l'ère Thatcher, que ce genre de partenariat a lamentablement échoué un peu partout (surtout en Angleterre). Malgré tout, on conditionne[3] les citoyens pour qu'ils s'intègrent à la structure sociale que souhaitent les « faiseurs d'argent »[4] :

– En haut de l'échelle : des technocrates aussi incultes qu'arrogants, amputés du cœur et handicapés affectifs,

---

3. Mentionnons au passage le rôle extrêmement actif que jouent nos médias, propriétés des plus gros intérêts financiers de notre « Québec inc. », et les soi-disant journalistes qui rabâchent *ad nauseam* les slogans néoconservateurs déguisés en informations, évitant soigneusement de donner la parole à quiconque aurait autre chose à dire que ce qui est convenu (hormis de rarissimes exceptions soigneusement noyées dans les flots bien-pensants). D'autant plus que les minutes-secondes qu'accordent les animateurs ne suffisent pas pour exposer une pensée qui s'écarte du discours dominant.

4. Le premier ministre Jean Charest l'a affirmé sans ambages dès 2003 : « Le rôle de l'éducation, c'est de fournir au marché la main-d'œuvre dont il a besoin » !

armés jusqu'aux dents de techniques, d'habiletés et de méthodes de calcul qu'ils confondent allègrement avec la science, la connaissance et la pensée.

– Au milieu : des techniciens qui, au mieux, sont des calculettes ambulantes, véritables appendices de machines de plus en plus sophistiquées qui leur imposent un impératif de maximisation des résultats, des revenus, des profits, une logique qui englobe productivité, compétitivité et efficacité.

– Enfin, en bas : des opérateurs juste assez alphabétisés pour être fonctionnels, totalement soumis, eux, à des nouvelles technologies qui les contrôlent[5] et exercent sur eux une impitoyable combinaison de surveillance-harcèlement qui peut non seulement provoquer des dépressions chroniques, mais qui a même déjà poussé des travailleurs au suicide[6].

L'argument systématiquement invoqué pour justifier de telles méthodes de gestion est toujours celui de la sacro-sainte compétitivité (c'est-à-dire l'enrichissement infini des patrons et des gros actionnaires) et de l'absolue nécessité de «faire plus avec moins», l'entreprise devant «économiser», «faire la chasse

---

5. Comme l'indiquent les fameuses et fumeuses formules qu'on entend sur les répondeurs des entreprises : «Cet appel pourrait être enregistré pour assurer la qualité du service.» Remarquons à quel point on prend le client pour un imbécile en plus de le faire tourner en bourrique à le faire attendre une éternité, mais non sans lui rappeler entre deux mesures de musique soporifique, combien son appel est «important». Ce raffinement de la gestion dégouline de cynisme !

6. Orange, le géant français des télécommunications, compte à ce jour pratiquement plus d'employés suicidés en moins de trois ans qu'il y a eu de soldats français morts en Afghanistan.

incessante aux coûts ». Autrement dit, les entreprises (à ne pas confondre avec les patrons et les actionnaires) s'appauvrissent ! Et ce, notamment à cause de ce que coûte le travailleur inconscient des dures réalités, revêche, capricieux, puéril, qui s'imagine qu'on peut conserver indéfiniment son emploi, son niveau de salaire, ou pire, qui s'attend à ce que son salaire augmente comme celui des patrons[7].

*

* *

C'est dans le cadre de cette logique que l'argument de la prétendue pauvreté de l'État sert à justifier l'augmentation des frais de scolarité comme remède au sous-financement des universités. En plus de devoir composer avec une dette devenue insupportable[8], le pauvre État, comme l'entreprise avec ses employés, est accablé de citoyens qui s'attendent à ce que celui-ci les assiste indéfiniment pour leur permettre de continuer à vivre au-dessus de leurs moyens.

Voici donc, pour mieux illustrer mon propos, l'essentiel d'un texte concernant cette soi-disant misère de l'État québécois, que j'ai fait parvenir dès l'annonce du budget d'austérité de 2008 à tous nos journaux et qu'aucun d'entre eux, évidemment, n'a voulu publier[9].

---

7. En revanche, le salaire des patrons n'est pas considéré comme un coût, mais plutôt comme un « investissement dans les talents ».

8. Quand on voit à quel point tout se dégrade au Québec, et ce, depuis si longtemps, on se demande où est allé l'argent d'une si lourde dette.

9. Texte rédigé avec la collaboration de Gaétan Breton, professeur de finance et comptabilité à l'Université du Québec à Montréal.

Suggestions pour nous éviter un « budget d'austérité »

Les experts en communication au service du gouvernement du Québec préparent les Québécois à un budget d'austérité, conséquence inévitable d'un taux de croissance qui serait « plus bas que prévu ». On nous ressasse l'urgence de payer la dette, le coût prohibitif des services, le niveau prétendument inacceptable des impôts et on nous rabâche que le gouvernement n'a pas d'argent. Pourtant, si l'on sait où regarder, on constate que de l'argent, il y en a.

Si notre gouvernement appliquait ses propres lois, comme celle qui lui permet d'imposer un prix maximum aux pétrolières (article 68 de la Loi provinciale sur les produits et les équipements pétroliers, qui stipule que « lorsqu'il est d'avis que l'intérêt public l'exige, le gouvernement peut déterminer par décret le prix maximum auquel peut être vendu ou distribué un produit pétrolier »), et s'il récupérait la différence en instaurant une taxe spéciale sur les profits exceptionnels[10] proportionnelle à la différence entre l'augmentation moyenne du prix à la pompe et la hausse moyenne de celui du baril[11], avec un effet rétroactif remontant à 2003, il obtiendrait plusieurs milliards de dollars à taxer qui lui donneraient aussitôt une considérable marge de manœuvre.

---

10. Si l'on tient compte des estimations pour 2008, les cinq premières pétrolières ont connu une hausse de profits de l'ordre de 230 % par rapport à 2004.

11. Un différentiel qui s'élevait à plus de 17 % en 2004-2005.

Et ce n'est pas tout. Voici une liste non exhaustive de sources potentielles de sommes substantielles à récupérer[12] :

Harmonisation des deux taxes à la consommation fédéral-provincial :	2 200 000 000 $
Interruption des cadeaux aux entreprises profitables[13] :	5 000 000 000 $
Ajustement du système fiscal fédéral :	2 500 000 000 $
Redéfinition des paliers fiscaux selon une échelle plus progressive :	200 000 000 $
Diminution du service de la dette :	2 700 000 000 $
Fin du remboursement des trop-perçus, péréquation[14] :	2 400 000 000 $
Récupération de l'évasion fiscale annuelle[15] :	8 000 000 000 $
Renoncement aux réductions d'impôts des particuliers :	1 000 000 000 $
Plafonnement des REER à 5 000 $:	1 000 000 000 $
Utilisation des transferts fédéraux en santé :	762 000 000 $
Réduction des crédits d'impôts (R&D et autres) :	500 000 000 $
Hausse de l'imposition des gains en capitaux à 75 % (au lieu de 50 %) :	500 000 000 $

---

12. Là où il n'y a pas d'autres mentions, les données fournies sont celles de 2007-2008, probablement amplifiées aujourd'hui.

13. *Dixit* M. Yves Séguin, ex-ministre des Finances du Québec, dans le journal *Les Affaires* du 1er novembre 2003 : « Je m'adresse à la communauté d'affaires : est-ce normal que le gouvernement verse annuellement 5 milliards de dollars en crédits d'impôt pour des entreprises dont la majorité sont prospères ? »

14. Chiffres de l'année 2003-2004.

15. Montant évalué selon les estimations publiées par l'OCDE.

Fonds de suppléance du gouvernement québécois :	380 000 000 $
Retrait des cadeaux aux banques[16] :	350 000 000 $
Rétablissement de la taxe sur le capital :	250 000 000 $
Établissement d'un impôt minimum sur les sociétés :	250 000 000 $
Recouvrement du prêt sans intérêt consenti à GM avant la fermeture de l'usine de Boisbriand :	220 000 000 $
Retrait du cadeau à Intrawest[17] :	50 000 000 $
Retrait des bonus octroyés en 2010 aux cadres des sociétés d'État :	105 000 000 $
Total :	**32 367 000 000 $**

Ce sont bien des dizaines de milliards de dollars que le gouvernement actuel pourrait aller chercher, du jour au lendemain, s'il se souciait un peu plus de servir les intérêts du peuple. La seule moitié d'une telle somme aiderait à résoudre bien des problèmes de la société québécoise, que ce soit la «crise des universités», ou celles de la santé, des transports publics, des prêts et bourses et de plusieurs programmes sociaux. Qu'est-ce qui coûte trop cher? L'éducation et la santé, ou le type de gestion «par et pour les riches» pour lequel nos gouvernements ont opté, il y a trop longtemps?

---

16. Octroyés par M. Charest avant les dernières élections et dévoilés lors du débat des chefs.

17. Gracieuseté de M. Charest totalisant 56 millions de dollars sur 3 ans. Voir le texte de Léo-Paul Lauzon, professeur au département des sciences comptables et titulaire de la Chaire d'études socioéconomiques de l'Université du Québec à Montréal, intitulé «Ski subventionné» et daté d'avril 2009, www.unites.uqam.ca/cese/pdf/chr_09_avril_3.pdf

Pour clore, tournons-nous vers la Suède, un des pays les plus compétitifs de la planète et dont le PNB est composé à 56 % d'impôts. Voilà une preuve que le niveau d'imposition ne veut rien dire en soi et que ce sont les usages et services publics issus de ces impôts qui comptent. Autre exemple intéressant, le Danemark, dont les universités sont en très bonne santé financière, donne à chaque étudiant environ 1 000 $ par mois pour étudier gratuitement. Alors de qui faut-il s'inspirer ? De la Suède et du Danemark, ou des États-Unis et de l'Ontario ?

Dans les années 1960, au Québec, on a fait le choix de remplacer une société de tarifications aveugles et du chacun-pour-soi par une approche plus collectiviste qui assurait un minimum de soutien aux plus démunis et une redistribution de la richesse. Allons-nous vraiment revenir en arrière sous prétexte que les plus riches, soutenus par des politiciens qui ne sont plus que leurs débiteurs, ne veulent plus faire leur part et essaient de nous faire croire que leur constant enrichissement garantit le bien-être de tous les citoyens et la santé de l'économie ? Qui sont ceux qui ont tellement intérêt à enterrer le fameux modèle québécois ?

Droits de scolarité - Une véritable ignominie

Victor-Lévy Beaulieu

Victor-Lévy Beaulieu est un écrivain, dramaturge et éditeur québécois. Il dirige les éditions Trois-Pistoles et plusieurs de ses romans ont été adaptés au théâtre et à la télévision. Il a été journaliste, chroniqueur et professeur de littérature. Il est engagé activement dans la promotion de l'indépendance du Québec.

Ce texte a d'abord été publié dans le Devoir *du 2 avril 2011.*

LES ÉTUDIANTS ONT raison de se plaindre de l'augmentation de leurs droits de scolarité : 325 $ par année pour les 5 prochaines années, c'est rien de moins qu'une aberration.

Quelles familles de classe moyenne ou vivant sous le seuil de la pauvreté seront désormais en mesure de permettre à leurs enfants de terminer des études de plus en plus spécialisées, donc de plus en plus longues ?

La ministre de l'Éducation a beau nous dire que les prêts et bourses seront augmentés en proportion de ces nouveaux droits de scolarité, il ne s'agit là que de poudre aux yeux : une majorité d'étudiants sortiront de l'université si endettés qu'il leur faudra mettre des années à rembourser le gouvernement, avec les conséquences qu'on devine déjà ; des difficultés financières qui risquent de mettre en péril l'établissement de notre jeunesse, l'envie de fonder foyer et famille, au détriment de la solidarité sociale. Nous allons vivre de plus en plus dans une société du chacun-pour-soi ou à la merci des corporatismes, dont on sait de quel poids ils pèsent déjà sur le Québec.

Quelle société?

Résultat: notre société, qui prône l'élitisme comme jadis l'Église prônait l'humiliation des pauvres, court le risque de n'en être plus une vraiment. D'un côté, il y aura les nantis qui auront droit à l'éducation et, de l'autre, une partie de la population de plus en plus importante qui n'aura pas les moyens de s'instruire. On sait que c'est déjà le cas au Québec: quand les autorités universitaires ou celles des cégeps nous parlent du décrochage scolaire, elles prennent soin de ne pas nous révéler de quelles classes sociales viennent tous ceux qui abandonnent leurs études avant terme. On comprend leur silence là-dessus, puisqu'on devine que la grande majorité des décrocheurs sont issus des classes les moins riches de notre société.

C'est là un phénomène qui atteint particulièrement les régions: pour pouvoir étudier à l'université, un grand nombre de jeunes doivent quitter la maison familiale, prendre logement, voir à se nourrir eux-mêmes, à se vêtir eux-mêmes, à payer eux-mêmes les quelques loisirs auxquels ils ont accès. Si les parents vivent avec l'aide sociale ou si, par leur travail, ils n'arrivent pas à joindre les deux bouts, comment voulez-vous qu'ils puissent donner à leurs enfants ce coup de main dont ils ont besoin pour pouvoir étudier en toute sérénité?

Rapport Parent

Je connais des parents qui ont dû faire le sacrifice de leurs rentes afin de permettre à leurs enfants de poursuivre leurs études. J'en connais d'autres qui ont dû hypothéquer leur maison pour les mêmes raisons. Et je ne parle pas de tous ces jeunes qui sont forcés de travailler, et pas seulement à mi-temps, parce qu'autrement ils se retrouveraient dans la misère noire.

Dans un monde qui se construit sur le savoir et la connaissance, est-ce normal qu'une société ne comprenne même pas ces évidences?

J'étais étudiant à l'école secondaire lorsqu'on préparait ce qui allait devenir le Rapport Parent, dont on attendait mer et monde. Sixième d'une famille de treize enfants dont le père était simple moniteur à l'asile du Mont-Providence, mon seul espoir, comme celui de tant de mes camarades, était que les études supérieures soient rendues accessibles à tous, aux riches comme aux pauvres. Mais ce ne fut pas vraiment le cas: je me retrouvai commis dans une banque et mes camarades, concierges, laveurs de vitres, employés de la construction, etc. Comme du temps des collèges dits classiques, seuls les déjà nantis et les nouveaux parvenus avaient les moyens d'envoyer leurs enfants à l'université.

Il me semble qu'on en est toujours là aujourd'hui. Quand on sait ce qu'est devenue notre élite, un grand frisson me secoue aussitôt que je pense que ce sont les enfants de cette élite-là, veule, suffisante, arrogante et souvent corrompue, qui géreront le Québec de demain.

N'est-ce pas absolument désespérant?

Remerciements

L ES AUTEURS souhaitent remercier Lux Éditeur pour avoir eu le courage politique d'appuyer un discours s'inscrivant à contre-courant dans cette ère de conformisme généralisé. Merci en particulier à Mark Fortier, l'initiateur de ce projet.

Nous voulons aussi saluer le travail de nos collègues et camarades de l'Institut de recherches et d'informations socio-économiques (IRIS), institut qui travaille à l'élaboration d'un discours économique critique dont le Québec a bien besoin. Il nous a fourni les preuves empiriques nécessaires pour donner corps à nos intuitions.

Merci également à Guy Rocher, Omar Aktouf, Lise Payette et Victor Lévy-Beaulieu, qui ont pris le temps d'écrire pour appuyer de leur voix notre effort de défense d'une éducation publique, libre et accessible.

Nous souhaitons enfin remercier les étudiants et étudiantes qui, dans leurs luttes incessantes contre la marchandisation de l'éducation et en faveur de la gratuité scolaire, continuent, contre vents et marées, de faire vivre l'espoir en une société juste et libre. Avec Gaston Miron, nous leur disons : « Ça ne pourra pas toujours ne pas arriver. Nous entrerons là où nous sommes déjà. »

TABLE DES MATIÈRES

CET OUVRAGE A ÉTÉ IMPRIMÉ EN AVRIL
2012 SUR LES PRESSES DES ATELIERS DE
L'IMPRIMERIE GAUVIN POUR LE COMPTE DE
LUX, ÉDITEUR À L'ENSEIGNE D'UN CHIEN D'OR
DE LÉGENDE DESSINÉ PAR ROBERT LAPALME

L'infographie est de Claude BERGERON

La révision du texte a été réalisée
par Alexandre SÁNCHEZ

Lux Éditeur
c.p. 129, succ. de Lorimier
Montréal, Qc H2H 1V0

Diffusion et distribution
Au Canada : Flammarion

Imprimé au Québec
sur papier recyclé 100 % postconsommation